新潮新書

柴田光滋
SHIBATA Koji

編集者の仕事

本の魂は細部に宿る

371

新潮社

【書籍各部の名称】

天
袖
ノド
花ぎれ（ヘッド・バンド）
ジャケット
早川謙之輔
黒田辰秋 木工の先達に学ぶ
現代のろくろ挽きの大先達から学んだ
木の心 木の技
見返し
小口
オビ
スピン
地

天
ノド
柱
小口
小口
地
ノンブル
スピン

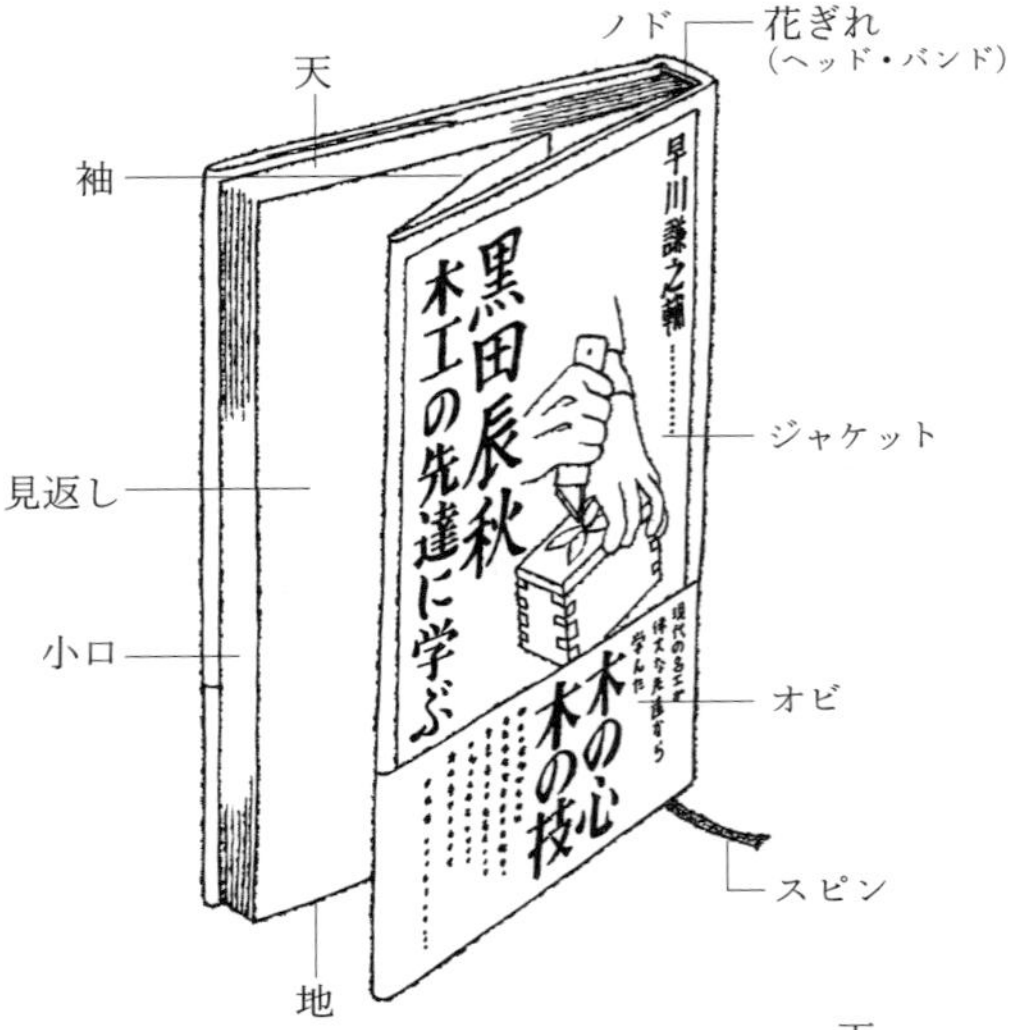

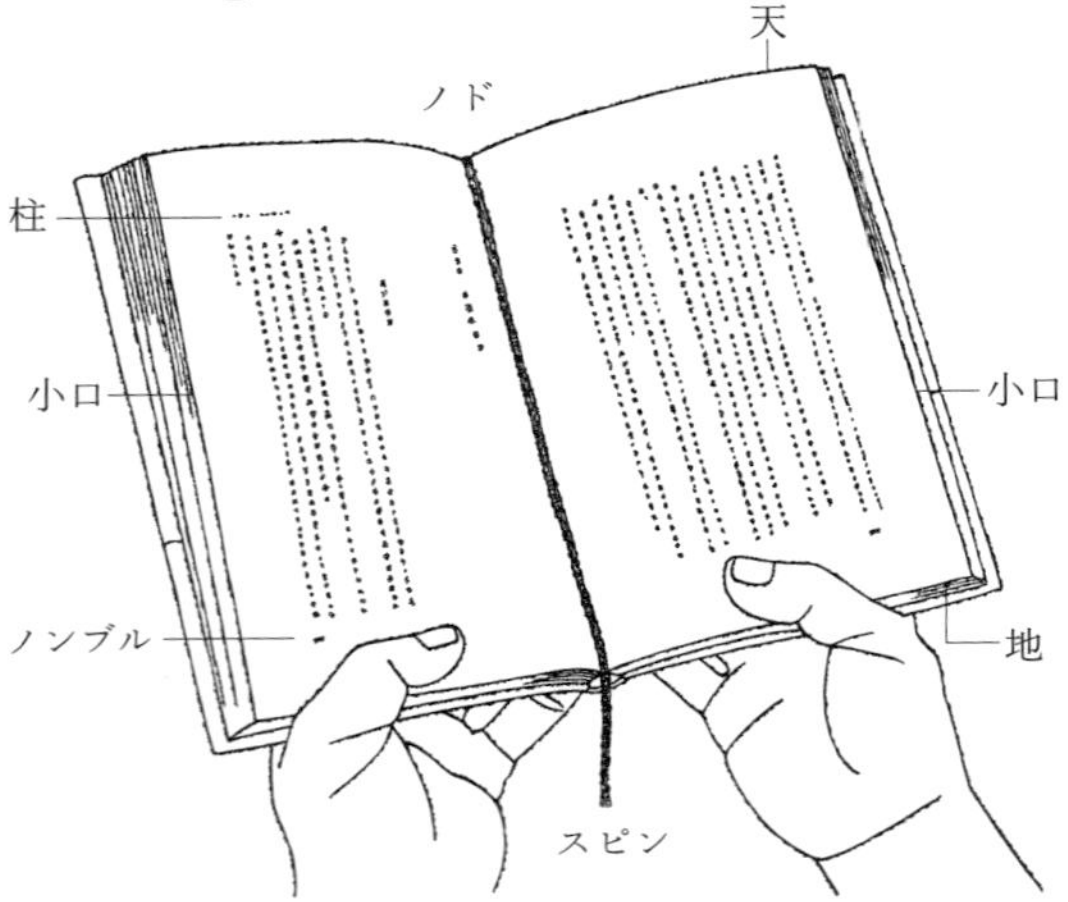

イラスト　唐仁原教久

まえがき

本は謎に満ちている——。いきなりこんな風に話を始めれば、「何が言いたいのだ」とか「大げさではないか」という声が飛んできそうですが、奇をてらうつもりはありません。この四十余年、私は編集者として主に書籍を手掛けてきましたが、その間に数え切れないほどの「なぜ?」や「どうして?」に出会ってきた実感そのものなのです。

乱暴に言えば、書物とは文字などが刷られた紙を綴《と》じただけのものにすぎません。しかし、そんな小さな世界ではあっても、一歩二歩と踏み込んでみると、あちらにもこちらにも謎が潜んでいることに驚かされます。

例えば、どなたもご存じの奥付《おくづけ》。書名や著者名、出版社名や印刷所名、刊行年月日などが記された頁で、日本の場合は本文が終わってから登場するのが大半ですが、問題はその位置です。左頁が原則。これは単なる習慣なのか、しかるべき理由があるのか。目次にはノンブル、つまり該当頁を示す数字は入っていないのが普通です。昭和も戦後のある時期までは、ノンブルが律儀《りちぎ》に1頁から振られていて、目次にも入っている本を見かけますが、以後は急速に消えていきます。いったいそこにはどんな事情があったのか。

こうした疑問は辞書や事典を引けばすぐにわかるものもありますが、かなり厄介《やっかい》なものも少なくありません。だからこそ、と言いたいのですが、謎解きは面白い。あれこれ調べたり考えたりしていくうちに、「なるほど」と大きく膝をたたいたり、「うーむ」と小さく唸ったりすることもあるほどです。

もう少し例を挙げてみましょう。

本書の本文に用いられている明朝体《みんちょうたい》は和文書体のうちではもっともポピュラーなものです。中国の明の時代に関係があろうとは考えられますが、はたしてその時代に生まれた書体であったのかどうか。また、考えてみれば、中国には平仮名もカタカナもありません。とすれば、仮名の明朝体はいつどこで誕生したものなのか。

最後に、四六判《しろくばん》。本のサイズは「判型《はんけい》」（「はんがた」とも）と呼び、小さな順に挙げれば、文庫判、新書判、Ｂ６判、四六判、Ａ５判などが代表的なものです。誰でもその言葉から文庫判なら文庫の、新書判なら新書のサイズとすぐにわかるでしょう。Ｂ６判やＡ５判も、Ａ判とＢ判について詳しくは知らなくても、日頃から使用しているＢ５ないしＡ４の半分と判断がつくはずです。ちなみに、文庫判はＡ６判。

しかし、四六判となると、「四」と「六」には意味がありそうに思われますが、それ以上の推測はむずかしい。そもそも用語としてご存じない方が大半かもしれません。Ｂ６判よりやや大きく、実は単行本ではごく一般的なサイズです。それはともかくとして、なぜ「四六」と称されるのか。

こうした「なぜ？」や「どうして？」については、本書の主題に沿いながら、この先で私なりに答えていくつもりです。

――いったい原稿はどんな具合にして本という形に仕立てられるのか。

単行本、それも文字を主体にした単行本を中心にして、長く勤めた新潮社での体験を通し、編集者の仕事のあれこれについてお話ししていきたいと思っています。

コンピュータの出現によって編集の作業も印刷の方法も大きく変化しました。しかし、基本のところでは先人の積み重ねてきた本作りの知恵が今も生きています。私の知る範囲はまことにかぎられますが、その一端なりとも書きとどめておきたいからにほかなりません。

読書をするにしても書店を散策するにしても、新たな楽しみが加わるような一冊にできればと願っています。あえて景気よく言えば、目指しているのは「本がこれまでよりもっと面白くなる本」ということになるでしょうか。謎解き、さらには余談閑談も含めて、本好きの方々に興じていただければまことに幸いです。

*本書には書物のさまざまな部分の名称が出てきます。この先で一つひとつ説明していきますが、まずは「まえがき」の前にあるイラストをしばし眺めてから本文にお進みください。

編集者の仕事●目次

Ⅳ　見える装幀・見えない装幀

Ⅰ　本とはモノである

『平野謙全集』

（1974年11月～1975年12月、175頁参照）

作りの良し悪しを見分けよう

何だか読みにくい

本を読めば、誰しも内容の良し悪しについては何がしかの感想を持つものですが、本作りの良し悪しとなるとどうでしょうか。

商品である以上どの本も一応は水準に達している。そう思っている人が少なくないはずです。誤植だらけとか、頁の順番を間違えた「乱丁《らんちょう》」や必要な頁が欠落している「落丁《らくちょう》」となれば明らかに欠陥商品ですが、一般にそう無茶苦茶な本があるわけではありません。単に読めるかどうかとなれば、まずは読める。

ではあるけれど、多少なりとも本好きなら、何だか読みにくい本だな、あるいは心地よく読み進められる本だな、などと感じたことがあるのではないでしょうか。

本作りという観点からすると、一見はわかりにくいけれど、実は一冊ごとにかなりの良し悪しがあるのです。心得のある編集者が丁寧に作業した本か、技量のない編集者が適当にやった本かは歴然としています。

ただ、編集者が表紙の素材に凝り、見返しにひと手間かけ、本文組《ほんもんぐみ》、つまり本文の文字組に工夫を加えたところで、読者から拍手が送られるようなことはまずありません。写真や図表の処理なども同様です。

例外はジャケット（通称「カバー」、Ⅳ「函《はこ》入りかジャケットか」参照）くらいでしょう。その意匠が購入の決め手になることはしばしばあることです。しかし、ほかの部分となると、ほとんど気にもとめられません。

それで一向に構わない。面白く読んでいただければ、もうそれだけで編集者としては本望です。そうではあるのですが、本作りに長く携わってきた者としては、いささか残念。なぜなら、読みやすいか否か、心地よく頁を繰《く》ることができるか否かは本作りと大きく関わっているからです。

ここまで何度か「本作り」という言葉を使っていますが、その作業はいわゆる装幀、函やジャケット、表紙や見返しのデザインだけにかぎりません。原稿の整理、本文組の決定、目次や索引などの細部の割付《わりつ》け、写真や図表の処理、本文紙《ほんもんし》（本文に用いる紙）の選択なども含まれます。さらには、書名を考えたり、オビを作成したりする作業もまた本作りなのです。原稿がすでにあるとして、それ以後に編集者が行う作業の総称だと理解してください。

スピンがない！

何が良くて何が悪いのか、いざ説明するとなるとむずかしいところはありますが、誰もが良し悪しを見分けられるポイントはいくつもあります。ここではとりあえず三例ほど挙げてみましょう。

まず一例。下車駅が近づき、車内で読んでいた本を閉じようとして、「あれ？」と思ったことはありませんか。スピン（「リボン」などとも）、つまり読み止《さ》しのところに挟む紐《ひも》がない。代わりに「栞《しおり》は」と探してみるものの、これもまたない。仕方なく、軽く腹立ちながら頁の角を目印に折り、あわてて電車を降りる……。

出版社の側に立てば、スピンを付けなければ一冊あたり定価を十円は低く抑えられるかもしれないし、あるいは数円の利益が上乗せできるかもしれない。ひたすら廉価を目指した実用書などであればわからなくはないけれど、読者からすればやはり不便この上ありません。にもかかわらず、高価な辞書や個人全集でもスピンの入っていない本がかなりあるのは事実です。

近代に入って、出版の先達たちは本作りにさまざまな工夫を凝らしてきました。スピンもその一つ。ただし、ハード・カバー（Ⅳ「表紙は最後まで残るもの」参照）と違って、この新書のような「三方断ち《さんぽうだ》」の本は背以外の三方を表紙ごと機械で断ってしまうので、スピンが付けられません。そこで、代用として栞を考え付く。そうした歴史を軽視してはならないはずです。

ちなみに、スピンの長さは、その本の対角線を延長し、2～3センチほど、つまり指でつまみやすいだけの寸法をプラスしないと、うまくくるりとは引き出せない。本からかなりはみ出しているのはそのためです。

書き添えれば、多くの文庫は三方断ちなので栞を入れていますが、新潮文庫は上部をカットせず（「二方断ち、天アンカット」と呼ぶ）、スピンを入れています。栞より費用がかかるため、年間数千万部という数字を考えると経済的な負担はかなりのもので、いかにこの細い紐を重視しているかがおわかりいただけるのではないでしょうか。

本を左右に引っ張って

もう一例。縦書きの本の場合（以下特に断りのないかぎり縦書きが前提）、本文右頁（偶数頁）の最終行と左頁（奇数頁）の第一行の文字が急に細くなるように感じられ、どうも読みにくいなと感じた経験はありませんか。仕方なく本の左右を引っ張ってみたり、斜めからのぞき込んだりすると、なんとか他の文字と同じように見える。とりあえず数回の操作は我慢するものの、それが十回、二十回と続くうちに、次第に疲れてくる。いや、苛立《いらだ》つ……。

本を開けば、当り前ながら右と左に頁があります。これが見開き。その中心線を編集の現場では「ノド」と呼びますが、ほぼ平面状の本文紙はそのノドが近づくにつれ弧を描くようにして急速に内側に曲がっていく。そのため本文があまりにノドに接近していると字が細く見え、読みにくくなるわけです。ちなみに、頁の上部は「天」（「あたま」とも）、下部は「地《ち》」（「けした」とも）、左右の端は「小口《こぐち》」と呼びます。

理由はいろいろ考えられるでしょう。無理やり一頁あたりの行数を増やしたか、不必要に行間を広く取りすぎたか、あるいは刷り位置（本文紙における本文の位置）を間違えたか。いずれにせよ、そうしたミスによってノド側の余白が不足してしまったのです。なお、刷り位置と余白については、改めてⅡの「頁はどこから始まるの？」で詳しく触れます。

本の開きが悪くてもノド側は読みにくくなります。この開きと関連するのがまず本文紙。頁数が少なく、なんとか本に「束《つか》」（厚さ）を出そうと、むりやり厚い紙を使ったようなケースです。

ハード・カバーの場合、専門用語を使えば、「背固《せがた》め」も開きと関係します。これには少し説明が必要でしょう。背固めとは本文紙の背と表紙の裏側との接着方法のことで、多くの本は両者の間に空きを設けた「ホロウ・バック」になっています。両者を密着させた「タイト・バック」、本文紙の背と柔らかな表紙の裏側を密着させた「フレキシブル・バック」もありますが、現在ではあまり見かけなくなりました。開きという点でホロウ・バックがもっとも優れているからです。

ともかく、ノドのきつい本は読みにくい。編集者は本文組とその刷り位置を慎重に決め、造本や本文紙にも配慮しなければならないのです。

雲の目次・泥の目次

さらに一例。書店でこんな経験をされたことはありませんか。書名でも著者名でも、ジャケットのデザインでもオビの謳《うた》い文句でもいいのですが、どこか惹《ひ》かれるものがあって棚から取り出し、内容をもう少し知りたいと目次を開く。ところが、その目次が何だかすっきりしていなくて、少しも魅力が伝わってこない。最初の関心は急速に衰え、結局は棚に戻してしまう……。

目次は何が何頁にあるかを示す機能的な役割が第一です。その上で、全体の内容を簡潔に、加えてできれば魅力的に示す役割も担っている。ここで購入するか否かが決まることも少なくありません。「第二のオビ」と言ってもいいものです。

目次がその本の魅力を伝えない要因は、内容の面と体裁の面の二つに分けて考えられるでしょう。まず、内容。章題や小見出しの言葉がすっきりしていないと、つまり編集者が上手に整理していないと、その本の特徴はうまく伝わってこない。同じ言葉が繰り返し出てくるのはいい例で、例えばアメリカを論じた本があるとして、「アメリカ」だらけの目次であれば、見ているだけでうんざりします。

体裁も重要。書体の選択や行間のバランスが悪いと、ゴチャゴチャしたり締まりがなくなったりしてしまい、途端に魅力が薄れていく。また、見開き2頁できれいに収められるのに、3頁目に「あとがき」だけが引っ掛かっているなんて代物《しろもの》もお話になりません。さらに言えば、目次の文字組の天地左右の寸法も大事です。本文の版面《はんめん》（本文組の天地左右の位置で、「はんづら」とも言う）からはみ出していたりすると、ガタピシして見えてしまう。

ついでながら、本文およびその他の体裁とひどくかけ離れて、目次だけが妙にデザイン化されている本がしばしばあります。おそらくは編集者がデザイナーに目次を丸投げした結果で、これでは日本家屋の居間に場違いなシャンデリアがぶら下がっているようなことになりかねません。

すっきりした目次とゴチャゴチャした目次は、月とすっぽん、雲と泥の差ほどあると言って差し支えない。月の目次、雲の目次であれば、さらに期待が高まります。もしすぐれた内容であれば、目次が理由で読者が離れてしまうのは残念なことです。なお、目次についてはⅡの「目次と索引は技量が問われる」で改めて論じます。

本作りの良し悪しを見分けるポイントはまだいくつもありますが、それはこの先を読み進んでいただければ、追い追い明らかになるはずです。良し悪しとは、当り前ながら趣味の問題ではありません。編集者が読者の読みやすさのためにどれほどの工夫をしているかという配慮とスキルの問題なのです。

一次元の原稿を三次元に

細部の細部に至るまで

本とはモノである――。

この言葉をどう思われるでしょうか。おそらく多くの方は「当り前じゃないか」と無視するか、「まずは内容だろう」と反発するか、どちらかに分かれるはずです。「その通り」などと妙に反応してくれるのは、ごく一部の趣味的蒐書家《しゅうしょか》くらいかもしれません。

しかし、結論はそう急がないでいただきたい。

一応の経験を積んだ書籍編集者がもしこの言葉を耳にすれば、何を意味しているのかはたちどころにわかるはずです。「まあ、それはそうだが」などと、そこから先に思いが及ばないようではとても書籍編集者とは呼べません。

編集の現場では、しばしば「本はモノだからね」などと言う。この場合、定価を抑えた本であれ、豪華な仕立ての本であれ、本である以上は細部の細部に至るまでちゃんと仕立てなければいけないという意味なのです。

内容にふさわしく

書籍編集者の仕事はいろいろとあります。企画を練り、しかるべき執筆者を探し、原稿を入手する。まずこれが基本、大前提です。しかし、原稿を獲得したからといって、能事《のうじ》足れりとはなりません。料理で言えば、やっと食材がそろった段階にすぎない。

編集者にも読者にも、内容がよければそれでよしとする人がいます。本文に表紙とジャケットがそれなりに付いていれば結構、本は内容第一であまり凝る必要はあるまいという立場です。内容至上主義あるいはテクスト至上主義とでも呼ぶべきでしょうか。

言えないこともありません。たしかに内容は第一です。しかし、だからと言って形はただあればいいというものではないでしょう。読者はともかく、もし書籍の編集者が形を軽視するとすれば、それは仕事を半ば放棄しているに等しい。書籍の編集とは、言わば一次元である原稿を獲得し、その内容にふさわしい本という三次元のモノに仕上げて読者に届ける作業だからです。

タイトルは内容を示せばそれでいいものなのか。書名著者名がわかるだけでジャケットや表紙は要件を満たしているのか。本文の体裁は読めさえすればそれでかまわないものなのか。本文紙は白っぽければ何でも同じものなのか。……まだまだいくつも列挙したいけれど、ここは我慢して話を進めます。

書籍に通じた人ならば

本にとって形がいかに大事なものか、私などが力んで説明するより、ここではいくつかの書物に通じた人の言葉を引くのがいいでしょう。

中野重治《しげはる》は書物随筆『本とつきあう法』（一九七五年、筑摩書房）の「著者まえがき」でこんなことを書いています。

できれば写真を三、四枚入れたいと思っている。つまり私は、こういうものに挿画や写真のはいっているたのしさを、読者を出《だし》にもして楽しみたいのである。

この日本の近代文学に逸することのできない詩人にして小説家、評論家は、趣味的に本を扱う人ではなかったけれど、それでもここには明らかにモノとしての本を愛《め》でる気持ちが滲《にじ》んでいます。

評論やエッセイのみならず、小説や翻訳でも数多くの業績を遺した吉田健一の読書遍歴『書架記』（一九七三年、中央公論社）のなかに、かつて手にしたフランス語版で、しかし今は手元にないボードレールの『悪の華』に関し、次のような述懐があります。

その曾《かつ》ての版は仮綴《かりと》ぢではあつても本文に上等な紙を使ひ、活字の選択にも凝つてこれを皮で装釘し直せばどのやうな限定版にも引けを取らない重みがあつた。

まだ表紙の付いていない仮綴本を購入し、革装《かわそう》で自分の好みに仕立てる。西欧の読書人が好んだかつての書物文化を肌で知っていた人ならではの言葉です。
無類の蒐書家にして書誌学者、評論家の谷沢《たにざわ》永一は、これも読書遍歴ですが、『雑書放蕩記』（一九九六年、新潮社）で、中学生時代における和辻哲郎『古寺巡礼』との出会いをこう記しています。

題字が蒼枯《そうこ》としていて、天金函《てんきんはこ》入りの装幀が重厚で木版刷の扉が上品である。しっとりと気を静めて落ちつかせる叙述であった。挿入されている二十五葉のコロタイプ写真が当時としてはなんとも豪華で、静謐《せいひつ》の気をもって見る者を敬虔《けいけん》にさせる。

本が好きで好きでたまらない少年が待望久しい書物を手にし、嘗《な》めるようにして函入りの本を眺め回し、頁を開いて読み進んでいった時の様子が伝わる一節です。なお、天金とは本文紙の上部に金の箔《はく》を施したもの、コロタイプとはガラスを版材として写真や絵画を複製した昔の印刷方法。
最後に数々の読書論で知られる評論家の坪内祐三『古くさいぞ私は』（二〇〇〇年、晶文社）から。本とコンピュータの最大の違いは「積《つ》ん読《どく》できるかいなかにある」とした上で、次のように言葉を続けています。

実際に目を通していなくても、その本を持っているという事実だけで豊かな気持ちにさせてくれる。そういうモノとしての近代的書物を誕生させてくれたことだけで、私は、グーテンベルクに感謝している。

仮に読んでいなくても、本にはモノとしての存在感がある。そのことを指摘して間然《かんぜん》するところがありません。

本からテクストを切り離すのは

テクスト、すなわち内容とモノとしての書物との関係については、次の二冊からの引用にほぼ尽きるでしょう。文芸評論家の江藤淳は『なつかしい本の話』（一九七八年、新潮社）でこう述べています。

かつて私の心に忘れがたい痕跡をのこし、そのままどこかに行ってしまった本のことを考えていると、表紙のよごれや、なにを意味しているのかよくわからなかった扉の唐草模様、それに手にとったときの感触や重味などが、その本の内容と同じくらいの深い意味を含んで甦って来る。

あるいは、テクストというものも、ときには本が意味しているものの、ほんの一部にすぎないのかも知れない。本からテクストを切り離して研究の対象にするという作業が、どこか血の気の失せた仕事になってしまいがちな理由も、ひょっとするとその辺にあるのかも知れない。

フランス文学者の清水徹は『書物について――その形而下学と形而上学』(二〇〇一年、岩波書店)で次のような指摘をしています。

書物は、その物質性と切りはなせない。書物とは、いわば、テクストを発生・顕現《けんげん》させる物質的な装置なのであり、わたしたちは書物においてはじめてテクストと出会う。（中略）テクスト自体を抽象的にとりだし、書物の物質性と切りはなすのは間違っている。

加える言葉はありません。本とはモノなのです。

どこかに職人気質を

書籍の編集はつまるところモノを作る作業なので、どこか職人仕事に近いものがあります。現実には装幀はデザイナーが手掛け、印刷は印刷所が、製本は製本所がするために、そんな自覚をしている編集者は少ないかもしれませんが、あえてこう記すのは、本は工業生産品ではなく、一人ひとりの編集者の頭と手作業から始まるものだからです。

私が若い頃に影響を受けた先輩編集者は、しばしば「熟知」という言葉を使っていました。印刷にも紙にも精通していなければならないということです。また、これまでに多くのすぐれた書籍の編集者に出会ってきましたが、職人気質とでも言えばいいか、どの人も凝り性で、労をいとわずと言うより、労そのものをどこかで楽しんでいるようなところがありました。

いかなる料理人でも食材を入手するところから仕事が始まるように、編集者もまず原稿を入手しなければならない。先の言葉を繰り返せば、それが基本あるいは大前提。まさに勝負どころで、原稿の良し悪しは決定的なものがありますが、それはまだ本として何の形も成していないものです。

料理人は選んだ食材の火の通しに細心の注意を払い、調味料に考えを致し、盛り付けに工夫を凝らす。そんな具合にして、書籍の編集者も創意工夫によって原稿を本という形に仕立て、読者に提供しなければならない。恐いことですが、編集一つで本の表情は大きく変わるものなのです。

Ⅱ　編集の魂は細部に宿る

芥川比呂志『肩の凝らないせりふ』

（1977年3月、180頁参照）

すべては判型から出発する

原稿には三種類ある

あらかじめお断りすると、本文紙部分の体裁に触れるこのⅡでは、時にですが、話が技術の細部に及ぶことがあります。書き手としては飛ばして書けないけれど、そのあたりは軽く流して読んでいただいても結構。ただ、願わくば、体裁はどの細部を取ってでも考えあっての結果だということだけはぜひ理解していただきたい。

本題に入る前に原稿に関して触れておきたいことがあります。本となる原稿には大雑《おおざっ》把《ぱ》に言って三種類あるということです。すなわち、未発表の原稿、新聞や雑誌などの活字媒体に発表された原稿、すでに本となっている原稿。これは原稿がどの程度に整備されているかということともほぼ重なっています。

未発表の原稿。雑誌では当り前ですが、書籍では「書下《かきお》ろし」と呼ばれるもので、編集者が最初の読者となります。校正はその先ですから、一部のすぐれた著者の原稿は別として、大半の原稿はまだかなり未整備の段階と言えるでしょう。

活字媒体に発表された原稿。すでに編集者や校正者だけでなく、読者の目も経ているものですが、媒体が一つか複数かで事情は異なります。前者は連載や一挙掲載が代表例で、あまり問題はありませんが、後者は寄せ集めなので、媒体によって数字の表記や送り仮名やルビの振り方が異なるなどしています。

すでに本として刊行された原稿。文庫や全集の原稿の大半はこれで、原稿としてはもっとも整備されています。それでも、個人全集や文学全集を手掛けてみるとよくわかるのですが、誤記誤植は少なくありません。よく知られたさる小説では、既刊の単行本も文庫も、「ラム酒」とあるべきところが「ラムネ」となっていました。なお、著者が亡くなっている場合は、著作権継承者や監修者などに相談し、明らかな誤植は訂正したり、微妙なものには、誤植でないことを示すために「ママ」（「ソノママ」の意）とルビを振ったりすることになります。

タイトルには毎回苦心惨憺

単行本にする原稿を読みながら編集者はまず何を考えるのか。

編集者が原稿を読む以上、内容を正確に把握するのはもちろんのこと、全体の構成にも細部の表記にも目を配らなければなりません。簡単に言えばいかに深く丁寧に読むかで、それは職業として当然のことなのですが、同時にタイトルと判型をどうするかが頭のなかを駆け巡ります。なぜなら、この両者が本作りの方向性を決定するからで、いずれもが最初に固まれば、作業の一つひとつは大変でも、ブレは生じにくい。

タイトルの例外は文芸書、特に小説で、多くの場合、著者によってすでにタイトルが付けられています。小説のタイトルはそれをも含めて作品であって、著者の聖域に近い。と言うか、きわめてシンボリックなものですから、編集者がテクニックで付けられるようなものではありません。しかし、文学者以外の著者の場合、通常、タイトルは編集者が考える、いや捻《ひね》り出すものです。

これが実にむずかしい。雑誌連載などで最初からぴたりとタイトルが決まっているようなケースは例外で、大半はゼロから考えることになります。しばらく原稿を読み進むと、タイトルをどうするかで悩みに悩む。こうか。いや、違う。それなら、こうか。いや、魅力がない。では、こうか……。そんな具合に、毎回苦心惨憺《さんたん》、下手をすると考えるほどに負のスパイラルに陥りかねません。最後のぎりぎりまで決まらないこともしばしばですし、同僚や編集長のアドヴァイスに助けられることもあります。

小説は別として、先にタイトルを決めてから原稿を依頼することもあります。著者に対して失礼ということにはかならずしもならない。こういう本を書いてほしいという編集者の思いを簡潔かつ明瞭に伝えられるからです。最初から本のコンセプトがしっかりしているわけで、その好例は新潮新書の養老孟司『バカの壁』（二〇〇三年）でしょう。

文学者の作法

タイトルついでに、ここで余談をちょっと。文学者の付けるタイトルは、編集者ごときでは思いもよらないものが少なくありません。その遊び心、その傲然《ごうぜん》たる姿勢、その詩的な感覚には何度も唸ってきました。書き出したらキリがありませんが、ここでは忘れがたい次の思い出を記しておきましょう。

二十代の終わり頃ですが、当時の出版部長からPR誌「波」に「日本および日本人」というタイトルで「中野重治先生に連載エッセイを依頼してくるように」と言われたことがあります。いささか怯《ひる》みました。怯むのも当然、左翼文学の代表者に保守派風のタイトルでお願いするわけで、玄関先で追い払われても仕方がない。

ところが、意外なことにすんなりと引き受けていただいたのです。第一回の原稿をいただきにお宅に伺った時、原稿の冒頭に記されていたタイトルを見て唸りました。「わが国わが国びと」。なんともこの著者ならではの言い回しで、一流の文士とはジャーナリズムの要求をそれなりに受け入れながらも、かくも自己の主張を貫くものかと感嘆したものです（一九七五年に同タイトルで新潮社より刊行）。

タイトルに関してもう一つ。小説においても、著者が単行本化にあたって連載時のタイトルを変更することは時にありますが、連載の途中で変更したという珍しいケースがあります。井伏鱒二の名作『黒い雨』（一九六六年、新潮社）がその代表例で、連載開始時は「姪《めい》の結婚」と題されていました。もしそのままであったら半世紀以上に及ぶロング・セラーになったかどうか。

単行本は不定形が前提

話を戻せば、なぜタイトルと判型が方向性を決定するのか。タイトルはその本の抽象的なイメージに、判型は具体的なイメージに直結するからです。

タイトルは最後になることもありますが、少なくとも判型を最初に決めなければ、その後の作業は進みません。技術的にはここからすべてが出発します。文庫や新書はあらかじめサイズが決まっていますが、単行本の場合は判型から考えなければならない。

うんと小さな本であろうと、大きな本であろうと、極端なことを言えば一向にかまわないのですが、文章主体の単行本であれば、現実にはB6判、それより少し大きい四六判、あるいはさらに大きいA5判がほとんどでしょう。部数の多い単行本がこれ以外のサイズになることはまずありえない。言うまでもなく、既成の寸法に合わせれば紙を無駄に捨てることはないし、書店の棚にも収まりやすいからです。

そうではあっても、作品の内容によっては時に規格外にもしてみたくなります。例えば、決められているサイズの天地を詰めて正方形に近い本にしたり、左右を詰めてやや縦長の本にしたりするのも面白い。紙には無駄が出るにしても、前者は柔らかな感じになるし、後者はシャープな印象を与えるので、時にトライしたくなる形です。

また、画集、写真集、地図、楽譜などになると、大きな本は珍しくありません。さらには例外になりますが、限定版や私家版に時に見られるように、ごく小さな本（「豆本」、古くは「袖珍本《しゅうちんぼん》」などとも）もありえます。一度も手掛けたことはありませんが、編集者の遊び心を存分に発揮できるはずです。

最後に文庫と新書について少しだけ。なぜ、サイズは各社共通なのか。一つには、一目でそれと判別してもらえるからで、より大きなサイズにして文庫とか新書と名乗ることは可能にしても、誰からもそうとは認識してもらえないでしょう。

もう一つは、これが現実には重要なのですが、書店の文庫や新書の棚はあらかじめ寸法が決まっているからです。仮に天地を5ミリ大きくしたらどうなるか。何とか棚には収まる。しかし、棚板と本の天との空きが狭くなり、読者は指を入れにくく、スムーズに取り出すことができなくなってしまう。これまで何度かそうした文庫や新書が登場しましたし、現在でも見かけますが、あくまで例外であるのは以上のような理由があるのです。

部数や定価も含めて

単行本の判型を決める手掛りはまず原稿の内容。四六判がもっとも一般的で無難ですが、軽妙なエッセイ集ならやや小ぶりなＢ６判か、大作ならＡ５判か、といった具合に考えます。

加えて、部数や定価も含めて考慮する必要があります。部数が少なければ、多少定価は上がっても、読者はかぎられるので、そうした読者が好みそうな特殊な判型にすることもありうるでしょう。しかし、広く読者に売りたい本になると、定価を抑える必要もあり、例外的な判型にするわけにはいきません。

読者層も大事なファクター。Ａ５判はサラリーマンが通勤電車のなかで読むものには不向きですが、本好きが家でゆったり読むものなら検討に値するわけです。もちろん、ハード・カバーかソフト・カバーか（Ⅳ「表紙は最後まで残るもの」参照）も並行して考えます。

四六判の由来

判型についてもう少し記しましょう。単行本で多いのはB6判と四六判で、見分けはつけにくい。四六判もB6判もこのすぐ先で述べる美濃判に出発するものですが、B6判は128×182ミリ、四六判は127×188ミリとされています。ただ、四六判は出版社によってサイズは微妙に異なり、私が長年手掛けてきたものは130×191ミリでもっとも大きく、「新潮四六」と呼んでいました（この先で四六判と書く場合は新潮四六を指す）。また、本文の行数をもう一行増やしたいというような場合には、新潮社だけの特例となりますが、133×191ミリもぎりぎりながら可能です。

ちなみに、「まえがき」で触れた四六判の由来をここで。江戸時代の代表的なサイズ、美濃判を八倍にしたものを「大八ツ判」と呼び、これを32面取り、つまり32頁分取ると、四寸二分×六寸二分の紙が取れたことから四六判と呼ばれたそうです。明治以降、イギリスの判型に近いこともあり、出版物にはよく使われてきました。今でも単行本の代表的なサイズです。

Ｂ６判や四六判より大きいのはＡ５判とさらにやや大きい菊判。前者は１４８×２１０ミリ、後者は１５２×２１８ミリ。特に菊判の堂々たる感じは他の判に置き換えがたく、値が張るのでそうそうは使えませんが、折あらばと常に意識していました。ただ、現在では紙そのものがなくなりつつあるようです。またちなみに、菊判の「菊」とは、明治の半ばにアメリカから輸入されたこのサイズの紙が「菊印」の名で売り出されたことに始まるとか。

話があちらこちらに飛んでしまいました。紙については改めて記しますが（Ⅳ「紙には寸法も色も重さもある」参照）、大事なのは今読んでいる原稿がどの判型にふさわしいかを判断することです。趣味的に流れてはいけないのはもちろんですが、安易に四六判と最初から決めるのも怠惰《たいだ》な姿勢というものでしょう。

頁はどこから始まるの？

行数は原稿の内容とも関係する

四六判なのかA5判なのかなどによって本文組の大枠が決まり、そして他の細部の組も決まっていきます。

本文組とは、書体、字数×行数、そして行間からなるものです（書体についてはⅢ参照）。本書の場合は9・5ポイント（編集現場では「ポ」と略）、明朝体、39字×14行、行間6・5ポ。新書のなかでは文字がやや大きい方です。なお、最近では少なくなった二段組、さらにはもう見かけない三段組の場合は、段間も関係します。

単行本は9ポ、文庫本や新書は8ポが基本の時代が長く、おのずと定番ないし基準となる組はありました。例えば四六版で9ポ組なら、43字×18行で行間は5・5ポといった具合です。ただ、最近は書体が一体に大きくなり、しかも0・25ポ単位の細かい刻みも可能になったため（技術的には0・1ポ刻みも可能という）、まだ定番が確立しているとは言えません。目下は模索中といったところでしょうか。

行数の決定には原稿の内容も関係してきます。原稿は著者によっても、内容によってもさまざま。改行の多い原稿と少ない原稿、漢字の多い原稿と少ない原稿、ルビをかなり必要とする原稿とさして必要としない原稿など、作品ごとに異なります。

もし改行が少なく、漢字が多く、ルビをかなり必要とする原稿があるとして、行数を増やすと行間は狭くなりますから、頁全体がかなり黒っぽくなってしまう。これは避けたい。一方、改行が多く、漢字が少なく、ルビをほとんど必要としない原稿であれば、行間のやや狭い組でもあまり気になりません。

行数の決定で注意しなければいけないのは、総頁数に直結するということです。17行組と20行組では、同じ原稿でもかなりの差が出ます。当然、頁が多くなれば紙代が余分にかかる。ゆったり組みたい原稿だが、それでは頁が増えて定価に響いてしまう。さて、どうしたものか。編集者にとってこれは永遠の難題です。

総頁に関してついでながら触れておくと、本文は16頁が基本単位（これを「一台」ないし「一折《おり》」と言う）なので、できれば総頁数は16で割れるものにしたい。中途半端な総頁数にしてしまうと、やはり余分な費用がかかってきます。

余白は無用の用

本文の周囲にある余白のスペースは、版面によって違ってきます。ただし、本文組を先に決めるのは順序が逆で、まず余白を考慮しなければなりません。余白を常に頭に入れながら本文組を決めると言っても過言ではないのです。

余白とは「無用の用」とでも言うべきでしょうか。それなりにあればいいというものではなく、一段組と二段組では違いがあり、また辞書のようにできるかぎり情報を詰め込まなければならないものはどうしても余白が少なくなりますが、判型にふさわしい余白から本文組はおのずと決まってきます。

では具体的に、天地の空きはどう取るべきか。また左右、つまり小口側の空きとノド側の空きはどうすべきか。これが簡単なようでむずかしい。

天と地の余白は、等分、つまり同じ寸法で基本的には問題がありません。ただ、ノンブルと柱《はしら》（本文の上ないし下に記された作品名や章題）を考えると、微差をつけたい。一般に、左頁の本文の上に柱が、左右の頁の本文の下にノンブルがあり、文字量はまず柱の方が多い。そこで天の余白をほんの少し広く取れば見た目のバランスが良くなるからです。なお、ノンブルと柱についてはこの先で改めて触れます。

柱がなく、地にノンブルのみが入るケースは逆で、地の余白をほんの少し広く取ればいいでしょう。天にノンブルのみという本も見かけますが、どうもこれは落ち着きが悪いように感じられる。また、ノンブルと柱を一緒に並べる場合は、当然それが入る方の余白をやや広く取ることになります。時に天か地のどちらかの余白を大胆に取るケースもあり、決まれば鮮やかなものですが、何らかの細工が必要でしょう。

小口寄りとノド寄りの余白の注意点は、仕上がった時にノド側が3～5ミリはノドに喰われてしまうことです。そこで、喰われる分だけノド側を広く取れば、結果として本文が見た目に中央となり、落ち着く。先述したように、ノド側の空きが狭い本は読みにくいものです。

ただし、余白に余裕のある組であれば、左右の頁の本文を見た目で心持ち中央寄りとなるよう、ほんの少しノド側の空きを狭くするのもいいでしょう。逆にノド側の空きを見た目で小口側より広くするのは厳禁。間が抜けて見えてしまう。

いずれにせよ、余白とは編集者が細心の注意をはらうべき大事なポイントなのです。

新潮新書が39字組の理由

この新潮新書を創刊する際、私もスタッフの一員として加わったのですが、会社から書体を従来の9ポより大きくしてほしいという要請がありました。そこで考えたのは9・25ポと9・5ポのケース。両者を実際に印刷所で組んでもらい、さらには新書判で製本し、比較検討の上、最終的には後者に決定しました。

問題は字数。先に記したように、39字組。もし40字組にすれば、10行で400字、つまり原稿用紙の一枚分ということもあって編集の現場では何かと便利なのですが、あえて39字にしたのには理由があります。

余白、特に地の余白を考えた結果でした。この場合は美しさ以上に実用を優先したのです。新書の読者はサラリーマンが多い。しばしば彼らは通勤電車のなかで読む。とすれば、吊革につかまって読むことも少なくないだろう。その場合は片手でこの新書を支えるはずです。と、ここまで書けばもうおわかりでしょう。新書の地を指で支えるとすれば、親指が本文にかかっては読みにくい。ただし、余白のバランスは崩したくありません。そう考えると、40字ではほんの少しきつくなる。その結果としての39字だったのです。

なお、行数まで限定してしまうと融通がきかないので、新潮新書では13行から15行までを基本としました（本書は14行組）。もちろんそれ以下の、あるいはそれ以上の行数も不可能ではないけれど、いずれにしても読みにくくなるはずです。

横組の注意点は

ここまで述べてきた本文組は縦組を前提にしたものなので、横組にも少しだけ触れておきましょう。縦組も横組も同じだと多くの方は思われているかもしれません。たしかに短い文章なら、読む上でほとんど差はない。実際、オフィスなどにおける文書はほとんどが横組です。しかし、長い文章、それも一冊の本ともなれば、縦組が読みやすい。本来、漢字と仮名の書体は縦の流れを前提にしたものだからです。

横組の難点の一つには、平仮名と片仮名の字間にややばらつきが出てしまうことがあります。平仮名の「も」や「り」、また片仮名の「ト」や「リ」などをよく見てください。細いために、前後の字間がほんの少し空いてしまう。この問題は縦組にもないことはないけれど、横組ではより顕著です。ですから、本文は別として、扉や表紙などで書体が大きくなるとこれはかなり目立つので、字間を調整する操作が必要となります。

書籍の本文をあえて横組にするのは、どちらかと言えば読む本というより使う本、例えば、算用数字や欧文が頻出する辞書や技術書やガイド・ブックなどのケースです。この場合、悩むのは行間。日本語の本ですから、和文書体の大きさから決めるほかはないものの、欧文書体には大文字と小文字があるからです。加えて、書体によって違いはあるものの、例えば一体に「J」や「Q」は大文字のなかでも上下に長い。一方、小文字にしても「g」「p」「q」「y」は下にちょっとはみ出している。漢字と平仮名の感覚でいくと、計算以上に行間が広すぎたり、狭くなったりしかねません。

縦組の本でも、参考文献一覧や索引などでは欧文書体のみの横組になることがあります。和文書体とは勝手が違い、これがむずかしい。書体、そのポイント、そして行間にはそのつど四苦八苦してきました。

ちなみに、縦組の日本語の本文に欧文書体が出てくる場合、ポイントは和文書体と同じにするのが普通ですが、書体の選択によっては大文字が和文書体より大きく見えかねません。もし「A」なり「B」なりが単体で出てきて大きく見えるなら、和文書体の9ポに対して8・75ポイントというように、少しポイントを落とすとバランスがよくなることがあります。

ノンブルは小口寄りか中央に

本文組に付随しているのがノンブルと柱です。余白との関係はすでに触れた通り。本文との空きは本文書体の1字分ないしもう少し取ると収まりがいいでしょう。余白に余裕がある場合なら、大胆に空けるのも手です。大事な点はその位置が本文の小口寄りか中央にあること。パラパラとめくってすぐに確認できるからです。

本文の小口寄りと言っても、しばしば見かけますが、小口にぴったり合わせるのは避けたい。左頁の最終行ないし右頁の1行目が行アキ（行を空けること）の場合、そこは空白になるので、ノンブルや柱が版面から飛び出したように見えてしまうからです。

本文書体の1字分くらい内側にすると落ち着きます。ノンブルの上に行アキがあれば、少しは飛び出しますが、見苦しくなく、かつ「ここは行アキだよ」ということもさりげなく示すからです。ノンブルを思い切って版面の外側に置くのも悪くないものですが、よほど意図したデザインでないと、そこだけが妙に浮きかねません。

柱とノンブルをノド寄りにしてある本をたまに見かけます。これは実用性を無視したデザインと言うほかはないでしょう。時折これをやる編集者やデザイナーがいますが、顔を洗って出直してほしいものです。

今日のノンブルはほとんどが算用数字ですが、昭和期までの本では漢数字もよく見かけました。また、今日でも和風の雰囲気を出すため、時代小説などではたまに使われたりします。その場合、どうしても縦組になりますから、算用数字のように本文の地の下には置けない。本文小口の外側に置くことになります。

柱とノンブルの大きさは、特に算用数字は書体にもよりますが、本文の書体より2〜3ポ小さくすること。本文が9ポなら、6〜7ポあたりか。それで十分に用は足ります。本書は9・5ポに対して7ポ。

なお、柱は左頁にあるのが基本ですが、右頁に「部」、左頁に「章」といった具合に、両頁にあっても問題はありません。ただ、やや重くなるように感じられます。

1頁は存在しない

ノンブル自体の話はここまでとして、ではどこから頁は始まるのか。すでに記したように、昭和のある時期までを別とすれば、現在ではどの本を開いても、まず1頁とは出ていません。ノンブルは本文の始まりと同時に奇数頁から登場するのが普通です。縦組なら本文開始の基本は左頁。それまでの扉や目次とは区切りをつけるために、改丁《かいちょう》（「別丁《べっちょう》」とも言うが、この言葉は本文紙とは別の種類の紙を指すこともある）、つまり丁（表裏で一枚となるもの）を改めるからです。

改丁と似ている改頁（「別頁」とも）は、単に頁を改めることですから、偶数頁も奇数頁もありうるわけで、その前後にはゆるやかな連続性があります。その点、改丁はかならず左頁で、連続性をいったんは断つ役割を持っています。結果として両者が同じ左頁になることはありますが、本来の意味合いは異なっているのです。

頁の始まりについてご存じない方はお手持ちの本を開いて確かめてください。最初に出てくるノンブルから遡《さかのぼ》れば、はっきりするでしょう。本文紙の最初が、そうとは出ていなくても1頁。本書のように本扉《ほんとびら》（次章参照）であったり、目次扉であったりします。

目次にノンブルがないのはなぜか。これは私の考えにすぎませんが、一つには、目次には該当頁を示す数字が出ているので、数字をかぶらせるとすっきりしないからです。もう一つ、ノンブルの位置は本文との関係で決まり、固定されるものですから、本文より版面の小さい目次の場合、特に簡潔な目次になればなるほど、ノンブルの位置が離れすぎて妙に孤立してしまうこともあるでしょう。おそらくはそうした理由から目次にはノンブルが入らなくなってきたのだと思われます。

目次と索引は技量が問われる

本来は実用だが

本文組が決まれば、本文の前にある目次やまえがきや中扉《なかとびら》などから、本文のあとにあるあとがきや参考文献一覧や奥付などまで、本文紙部分のすべてを割付けなければなりません。見出しや小見出《こ》しももちろんです。割付けは「指定」とも言い、編集者の意図する体裁を印刷所に伝えるもので、もし不備があれば、印刷所にも校正者にも迷惑をかけることになります。

別紙のジャケットや表紙や本扉などは装幀家にまかせるにしても、本文紙部分の割付けは内容を一番に知る編集者の大事な仕事です。

まずは目次。先述の通り、本来は実用で、個々の章なり節がどの頁に出ているかをわかりやすく示さなければなりません。同時に、本の内容を魅力的にも見せたい。そうした意識が足りないと、いかにも凡庸な目次になってしまいます。

実用が本来ですから、新書のように小見出しの多い本では、それをすべて並べるのは間違いではなく（本書はその一例で、こうしたケースでは該当頁を省くこともある）、私もたびたびやってきましたが、下手をするとダラダラとした目次になりかねない。章題が魅力的ならそれだけでも十分だし、また小見出し列挙の代わりにコピー的な文章を添えるという手もあります。ここは著者の頁ではなく、あくまで編集者の頁なのです。

まえがきの問題は、目次の前に置くべきか、あとに置くべきかでしょう。本によってさまざまなように、決まりはありません。読者に対する呼び込み的な内容で、かつ簡潔なものであれば冒頭にしたい。

一方、作品の一部をなしている内容、つまり序章的な内容であれば目次が先で、まえがきは本文にすぐ続くようにするのが自然だと思います。本書の場合は序章的なものではありませんから、前に置きました。

目次の扉についても少々。目次が2頁以上になる場合は目次扉を付けるのが一般的です。目次扉は「目次」ないし「書名＋目次」とのみ記すか、ごくシンプルに約物《やくもの》か罫線《けいせん》（Ⅲ「約物と罫線を使いこなせ」参照）などを補うだけですが、字を小さくすることが肝要。

単行本の場合、前には書名を記した別紙の本扉（「別丁扉」とも）があり、あとにはこれまた書名を記した中扉が出てくるのが普通ですから、控えめにしたいわけです。

なお、多くの単行本と違って、文庫や新書などに別紙の本扉は付いていません。本文紙の最初、つまり1頁目が本扉ないし本扉と次に述べる中扉との兼用となっています。

扉は裏も考えよ

単行本では目次が終わると中扉となります。本扉の繰り返しに近く、書名のみ記すだけなので省かれることもありますが、この次からいよいよ本文が始まるわけですから、ほんの少しの間《ま》となっているわけです。書名の長短、副題があるかないかなどを勘案しつつ、書体と大きさ、そして刷り位置を決めます。いずれにせよ、すでに本扉があるので、ここは簡潔に決めたいところです。

ちなみに、中扉裏は白（何も刷られていない頁）が基本ですが、ここにエピグラフやら作品の初出やら装幀者名やら編集部注を入れることもあります。本文よりも小さな文字で、位置をよく考えてすっきりと入れることがポイント。

中扉の次にもう一度扉がくることがあります。題扉とも章扉とも言われるもので、章題、短編小説集なら作品名を記す扉です。言わば見出しが独立したもので、中扉の文字よりやや小さな文字にしないとバランスが悪くなります。

題扉裏も白が普通ですが、頁を少しでも切り詰めたい場合、題扉裏から本文を起こすのは仕方がありません。ただ、どうしても窮屈になるので、それくらいなら題扉をやめて次節に述べる見出しにした方がすっきりとするように思います。

中扉裏も題扉裏も白だと芸がない、あるいはさっぱりしすぎていると思えば、写真やイラストを入れるなどして変化をつけることもあります（本書の場合）。ただし、中扉裏にも題扉裏にもすべて何かを入れてしまうと、少しうるさくなるかもしれません。

章題はシンプルに扉の左右中央に置くだけでもいいし、そこに写真やカットを入れたり、本文の版面に沿ってちょっと工夫した罫で囲んだりするのも面白い。横組でも問題ありません。縦組の場合は左右中央が普通ですが、それ以外なら小口寄りにすること。ノンブルと同じで、ノド寄りは避けたい。横組の場合は天地中央では落ち着きが悪く、やや上方部分に置くのが基本。いずれにせよ、体裁は全体の流れに配慮するのが前提となります。

見出しと小見出しは

見出しが同一頁で本文に連続している場合は、本文と同じく明朝体にするのが普通ですが、それに捉われることもありません。何らかの工夫した書体でも時には面白いものです。

問題は位置。何字下がりにするか、本文との空きを何行取るかにも神経を使う必要があります。本文の天に揃えるのはよほど意図的にすれば面白くなりますが、一体にはいささかバランスが悪い。1字か2字下がりが妥当なところで、それ以上下げてしまっては、これまたすっきりとしません。

本文との空きは、私の場合、まず1行か2行空けて見出しを入れ、そこから数行空けて本文としてきました。本書は1行空けて見出しを置き、それから4行空けて本文としています。最初に数行空けてから、見出しを本文の近くに置くケースもあり、昔の本にはしばしば見かけたものでした。これを悪いと決めつけるつもりはありませんが、見出しの前の空間がいささか空きすぎてしまうでしょう。

見出しには小見出しもあります。見出しを「章」とすれば、小見出しは「節」。主従の関係ですから、見出しよりポイントを落とし、2行中央ないし3行中央に置いて、本文の天から数字分は下げるのが普通です。

本書の小見出しは書体にゴチック（「ゴシック」とも）を用い、本文より1ポ小さい8・5ポ、本文天より1字下げています。新書では定番。ごく補助的なものなので、本文との間に空きを取らず、本文よりポイントを落としても問題はありません。目立つゴチックだからこそ可能で、最初に考え出した編集者には感服します。

いとわず索引を

本文が終ると、そのまま奥付になるものも少なくありませんが、著者のあとがきや参考文献一覧、場合によっては注記や年表や索引なども登場します。

この割付けはかなり面倒。年表もさることながら、特に索引は大変です。本によっては必要不可欠のものですが、日本の本では省かれていることが少なくありません。恥ずかしながら、私も長いこと無頓着でした。ある時、外国の書物に詳しい方から「西欧の本に比べて、必要な索引がないのは日本の書物の欠点ではないか」と指摘されて、「たしかに」と大いに反省したものです。

以後、読者の立場に立って便利と思えば、できるかぎり設けるようにしてきました。本によって人名索引が不可欠の場合もあれば事項索引が必要な場合もあり、索引の方針はさまざまでむずかしいものの、ある本では三種類の索引を32頁にもわたって設けたこともありました。

索引は横組がふさわしい場合もあれば、縦組がふさわしい場合もありますが、いずれにしても昔は用語カードを作ることから始めたものです。その点、今日ではワープロ・ソフトの検索機能を活用する手があり、そもそも手間のかかる作業ではあっても、かなり楽になりました。

索引には組代《くみだい》（文字を組む費用）も紙代も余分にかかるので、定価に響く。これは仕方ありませんが、編集者の熱意次第で、他の問題は解決されると思われます。一人ひとりの編集者が工夫を重ねていけば、索引文化は次第に育っていくに違いありません。

最後は注記について。これにはさまざまな方法があります。簡単なのは本書のようにそのつどカッコ内に収める方法。各章末ないし巻末に収めてもいい。見開きの左頁に収める手もありますが、これは技術的にかなり面倒です。また、作業に時間はかかりますが、頭注《とうちゅう》（本文の上部に設ける注）ないし脚注《きゃくちゅう》（本文の下部に設ける注）は本格的な注記と言えるでしょう。いかなる注記にするかは、本文の内容と注記の内容によります。

写真処理の初歩の初歩

写真の処理についても少し触れておきましょう。写真はジャケットや表紙や本扉で使うこともありますし、口絵写真もおなじみのものですが、ここでは本文に挿入する写真に話を絞ります。

活版印刷（Ⅲ「グーテンベルクに感謝」参照）時代の本文写真は、今から見ると、情けないほど不鮮明なものでした。昨今の本に比べると、「よくまあこんな刷りで」と思ってしまうほどです。印刷技術の革新については話が複雑になってしまうので省きますが、考えられないほどに本文写真はクリアになってきました。進歩の一端を示せば、写真をコピー機で複写したものを原稿にしてすら一応の仕上がりになるほどです。

かつては原稿となる紙焼き写真にトレーシング・ペーパーを掛けてトリミング（構図を決めること）をしていました。今日では、文字原稿と同様、写真原稿もデジタル・データの場合が多く、トリミングはプリントアウトした用紙で行うのが普通です。紙焼き写真を汚さないよう慎重に扱っていたのが嘘のような時代になりました。

印刷技術の革新は別として、写真を扱うにあたって今も変わらない基本はいくつかあります。言わば初歩の初歩。例えば、本文に写真を組み込む場合、本文の小口側上部に入れること。これで落ち着きます。もちろんケース・バイ・ケース、どこに置こうとかまわないのですが、よほど計算しないかぎり、例外は避けた方が無難でしょう。

あまり小さく扱わないことも基本。申し訳のように小さく入れたのでは、何のために入れたのかわからない。

顔写真で注意すべきは、横顔の場合、顔が本文のノド方向を向いていること。逆だとそっぽを向いているようで、いかにも締まりがありません。

また、本文の版面が枠組となることは何度も述べてきましたが、写真は例外になることもあります。少しでも大きく扱いたければ、全体をきれいに統一する必要はあるものの、本文の天と小口からはみ出してもかまいません。ただし、本文の上部にある柱は外すことになります。もし繰り返してそうした写真が出てくるなら、柱は本文の下部にしてノンブルと並べればいいでしょう。

写真を大きく扱いたい場合は、「断ち切り」という手もあります。本文紙より3ミリほど広くレイアウトし、はみ出た部分を断ち切る方法です。もし天と地と小口の三方を断ち切りにすれば（ノド側は数ミリ喰われるのでノドに合わせるだけ）、本文紙いっぱいに写真が使えます。ただ、迫力は出るけれど、少し重くなるかもしれません。

個人的なことを書き添えれば、昔は小まめに写真を本文に組み込むのを面白がっていましたが、その後は枚数を絞ってより効果的に使いたいと考えるようになりました。歳のせいで楽をするようになった面があるのはたしかにしても、説明的に使うより視覚的に使うようになったとも言えます。

なお、写真にはキャプション、つまり説明の言葉が付くのが一般的です。写真との空きと本文との空きのバランスを配慮し、書体とサイズにも注意すること。ゴチックを使う場合は特にそうですが、小さく決めないと、ひどく野暮ったくなります。

最後に、写真と紙に関連することを一つ。写真を入れると、その裏側の頁に写真の影がかなりはっきりと出てしまい、文字が読みにくくなることがあります。これを「裏抜《うらぬ》け」とか「裏映り」と言うのですが、写真を本文に使う場合は、裏抜けしにくい紙を選ぶことも大事です。

奥付はなぜ左頁なのか

最後は奥付。書名、著者名、発行者名とその住所、発行日、印刷所名、製本所名、コピーライト（著作権）表示などが記されている頁です。

奥付が独立した頁であるのは当然として、なぜ改丁、つまり左頁とするのが基本なのか。編集者ですらどっちだっていいじゃないかと思っていることが多いのですが、前章で記した改丁と改頁の違いという初歩をまったく理解していない証拠です。

奥付は「本の戸籍」などとも呼ばれ、出版社が読者に対して記すべき書籍の基本データです。著者の頁ではなく、出版社の頁。ですから、改丁にしてそれまでの流れを切って独立させたいわけです。

ただ、本文は16頁が基本単位なので、場合によっては、最終頁、つまり右頁にしかスペースが残っておらず、やむなくそこを奥付とすることはあります。これは仕方がないにしても最後の手段、あれこれと手を使えば何とか改丁にできるものです。

奥付のデザインは出版社によってはすべて統一されているところもあるし、文庫や新書やシリーズ物でも統一されています。しかし、単行本なら、縦組でも横組でも基本的には自由。目次や扉や見出しからの流れを考えて独自にデザインするのが本来ですが、過去の本の奥付から適当に選んでいる編集者が大半でしょう。その場合でも、ちょっとした手直しくらいはほしいものです。

奥付が左頁となれば、最低でもその裏の1頁は空いてしまいます。多くの本では白にせず、自社の本の広告が何頁か入っています。この奥付広告は言わばミニ・カタログ。

白にすべきだと強固に主張する愛書家も時にはいますが、新刊ならちょっとした情報ですし、古い本なら当時の時代の空気などが伝わってきます。ただし、限定版なら当然ですが、個人全集でも白にしたい。独立性が高い本なので、広告はどうしても夾雑物《きょうざつぶつ》に見えてしまうからです。

奥付に関する余談を最後にいくつか。加藤美方《よしかた》・森啓《けい》・藤田三男編『活字の歴史と技術』（全二巻、二〇〇五年、樹立社）は活字関係者の考証やエッセイや談話が収められた貴重な本ですが、そこに収録されている出版文化研究家の布川角左衛門《ぬのかわかくざえもん》へのインタビュー「奥付談義」に興味深い話が載っています。

為政者によって奥付が法定されるのは江戸時代の十八世紀に遡《さかのぼ》り、明治政府はそれを引き継いで、印刷所の住所と印刷者の氏名、印刷日と発行日の記載などを法的に義務付けたそうです。もちろん、印刷所の住所と印刷者の氏名は言論を取り締まる側の都合。当然ながら、今日では無用のものです。また、印刷日とは印刷された日ではなく、実は検閲のために内務省へ納品した日だったとか。戦後もかなり長く習慣的に印刷日が記されていましたが、現在では発行日だけとなりました。

昔は奥付に著者が刊行を認めた印、すなわち「検印」がありました。これは日本独自のもので、著者にとっては印税と直結する部数を確認する上で重要なものですが、そもそもは著者による責任の明示と偽版を防止する目的があったようです。消えていくのは一九六〇年代に入る頃からでしょうか。私が本に親しみ始めた頃は「検印廃止」といった表示をよく見かけたものです。

一度だけ限定版の奥付で検印を復活させたことがあります。編集者の遊びにすぎないもので、著者の代行で印を捺《お》したのですが、たった数百部でもいかに面倒な作業かがよくわかりました。

奥付からは定価表示も消えました。今ではジャケットや函に記されているだけです。物価上昇がはなはだしかった高度成長期、増刷のたびに定価が変更され、返品の旧定価を直す煩《はん》を出版社が避けたことが始まりで、消費税導入で決定的となりました。

最後に一つ。新潮社の書籍の場合、奥付の書名と著者名にはルビが振ってあります。実施は一九七〇年から。読者や図書館に対する配慮で、現在ではかなり一般化してきました。しかし、今もってルビなし本が少なくないのは残念。

編集者の意地

話を戻せば、あとがきから奥付までは付録的なものですから、あとがきは別として、本文より小さな文字を使用するのが基本です。仮に本文が9ポなら8ポ、9・5ポなら8・5ポくらい、つまり1ポほど下げるとすっきりします。索引ではさらに0・5ポか1ポほど小さくすると、コンパクトになり、使いやすい。小さくすると言っても、限界は6・75ポあたりでしょうか。それ以下でも読めなくはありませんが、見にくくて実用性に乏しくなります。

もう一つ付録的なもので配慮すべきは、繰り返しの繰り返しになりますが、本文の天地左右、つまり版面より大きくならないことです。文字を詰め込もうとして、あるいは何も考えずに割付けた結果、参考文献や注記や索引などが版面より大きくなっているものをよく見かけますが、みっともない。組全体がガタガタに見えてしまいます。

丁寧な割付けをしているか否か、付録的な部分ほど端的にわかる場所はありません。要は編集者のサーヴィス精神、いや、意地と言うべきか。つまるところ、労をいとわぬ仕事が求められているのです。

以上のような割付けと同時に、原稿は細部の整備も大事です。表記を整え、ルビを振り、引用の体裁を統一するなどしなければならない。ただ、この問題は校正と関係するので、次の「校正、畏《おそ》るべし」に譲ります。

以上のような作業をすべて終えれば、いよいよ入稿です。原稿を印刷所に入れることになるわけですが、今日では生原稿（手書きの原稿）はきわめて少数派になりました。原稿のほとんどはデジタル・データで、指定を書き込んだプリントアウトとともに入稿しています。

すでに述べたように、割付けは印刷所に対しての指定で、入稿に当たっては書式の定まった指定書に必要な事項を書き込み、データとプリントアウトに添えて印刷所に渡します。指定書は言わば設計図。少しでもミスがあれば校正者に迷惑がかかるわけで、書き込むたびに緊張してきました。

校正、畏るべし

命の恩人

原稿を割付けて印刷所に入稿すれば、しばらくすると校正刷り、編集者が呼ぶところの「ゲラ」ないし「ゲラ刷り」が出てきます。編集者の指定に従って組まれた原稿が見開きの2頁単位で印刷されているもので、最終的に使用する判型よりずっと大きな紙に刷られていて、周囲にかなりの余白があるのは、「赤字」と称される訂正の文字などを校正者や編集者や著者が書き込むためのスペースが必要だからです。

「ゲラ」という言葉について、少しだけ。校正刷りを意味する英語「ギャリー・プルーフ（galley proof）」から来たものです。活版時代の印刷所には組んだ活字を収める箱が置いてあり、これを「ゲラ箱」と呼んでいました。それを校正のために刷ったものがゲラ刷り。縮めてゲラ。活版印刷が過去のものとなり、ゲラ箱が消滅しても、面白いことに言葉だけは生き残ったわけです。

話を戻せば、「しばらくすると」と書きましたが、原稿の量により違いはあるものの、かつては入稿からゲラが出るまでに一か月ほどは見る必要がありました。データ入稿の現在では一週間から十日もあれば大丈夫。今昔《こんじゃく》の感に堪えません。

それはともかく、ゲラから始まる大事な作業が校正。私が書けるのはあくまで編集者から見た校正であって、本職の方からすれば物足りないかぎりでしょうが、その仕事に対する敬意だけは失わずに記すつもりです。

出版界ではしばしば「校正、畏るべし」と言いならわす。もちろんこれは『論語』における「後生、畏るべし」のもじりなのですが、編集者の側から長年にわたって数え切れないほど痛切に感じてきました。

校正は編集者もしないわけではありませんが、本来は別の役割。編集者はどうしても流して読んでしまうので、きちんとした校正はまずできないからです。

幸いなことに私はすぐれた校正者に恵まれ、何度となく命拾いをしてきました。言わば命の恩人。さらには、自分で本を出してみて、校正のありがたさを著者の立場からも実感することができました。一応は編集者ですから、あまり恥ずかしい原稿にはしたくない。そう心して書いたつもりなのですが、ひどい誤記がいくつもありました。

ここでは一つだけ挙げておきます。ギター好きであった高校生の頃に出会って感嘆した言葉「ギターは音が小さいのではない。遠くで鳴っているのだ」をベートーヴェンの言葉としたところ、「ストラビンスキーではないか」と指摘されました。四十数年も前に読んだ本で調べ直してみると、たしかにその通り。ベートーヴェンの言葉は「ギターは小さなオーケストラである」でした。両者をいつからか入れ違えていたわけです。

編集者として扱った原稿なら数知れず。ほんの少しだけ思い出を記しましょうか。ある歴史小説で、これぞというタイミングで後白河法皇が出てきたのですが、「この時点では後白河法皇はすでに亡くなっています」。嗚呼《ああ》！　また、ある小説では主人公が北海道の海岸で北斗七星を見る美しい場面があったのですが、「この時期にこの場所からは見えないはずです」とあり、詳しい説明が付いていました。またしても、嗚呼！

昔も今も「校正、畏るべし」。

校正者が疑問（現場ではもう少し柔らかく「ギモン」と書く）を出す場合、典拠となる資料のコピーが時には何種類も添付されています。ネット上の情報で簡単に済ますようでは、素人ないし怠惰な校正者と言われても仕方ありません。

しかるべき校正者は、ねばり腰と言うか土俵際に強いと言うか、適当なところで切り上げるようなことはしませんから、その指摘の多くはもう有無を言わせません。反論不可能。校正者にはただ感謝あるのみで、編集者としてできることは、彼らにかける迷惑をいかに少なくするかだけだと思っています。

すぐれた著者でも

そもそも校正とは何か。校正は「校閲」とも「校合《きょうごう》」とも言いますが、ともかくこの過程を経なければ出版物は刊行できない。読者にはおよそ見えにくい部分ですが、書籍にとっては欠かすことのできない大切な作業です。

辞書には「文字の誤りを比べ正すこと。校正刷りを原稿と引き合わせて、その文字などの誤謬《ごびゅう》を調べただすこと」などと出ています。文字だけでなく、体裁、さらにカラーの場合には色を比べ正す作業も含まれる。その目的から考えると、校正の役割ははっきりしていて、箇条書きにすれば、次のようになるでしょう。

①原稿、すなわち著者の不備を正す。
②指定、すなわち編集者の不備を正す。
③組版《くみはん》、すなわち印刷所の不備を正す。

いかに優れた著者であっても、完璧な原稿というものはありません。短い原稿ならともかく、一冊の本となる原稿ともなれば、誤記も思い違いもどこかにかならずある。いわんや、本職が物書きでない著者となると、いささか大げさに記せば、失礼ながらそのすべてを疑ってかかる必要があります。

また、引用となると、いかなる著者であれ、これがまた実に間違いが生じやすい。ものを書き写す作業というものは、詳しく記す紙幅はありませんが、自分の表記や文体になってしまうなど、陥《おちい》りやすいポイントがいくつかあるからです。

まことについでながら、当節はブログ全盛、インターネットを通して個人的な発信をしている人が少なくありません。また、同じくインターネット上にはさまざまな書き込みがあふれています。それ自体をとやかく言うつもりはありませんが、校正者という第三者に目を通してもらっているケースは稀《まれ》でしょう。いかに慎重に書いたところで誤りは伴う。意図せずに他人を傷つけていることも考えられます。誤字や誤記、不正確な表現、客観的な裏づけに欠けた感想を見るたびに、改めて校正という作業の大切さを思わずにはいられません。

原稿を整備せよ

編集者の不備は、原稿の整備不足と割付けのミスにより生じます。特に原稿の細部をきちんと整備していないと、至るところで問題が生じてしまう。例えば、数字の表記、現場ではルビと呼ぶ振り仮名、引用の体裁など、入稿前にきちんと整理しておかなければなりません。

表記の統一で特に注意すべきは数字表記とカタカナ表記で、数字は特に厄介。「10 0円」「一〇〇円」「百円」、あるいは「1000人」「一千人」「千人」の混在をそのままにしておくわけにはいきません。「10点」「10点」「一〇点」「十点」も同様。

あまりにバラバラで、どうしたらいいか、呆然とする時すらあります。統一の方針としては、著者の多用する表記に合わせるのが一つ。もう一つは、例えばもし数字が頻出するような原稿なら、算用数字を原則にするなど、原稿の内容に合わせることです。ただし、機械的にはできません。本書の場合、漢数字が原則ですが、紙の寸法、行数と字数、書体の寸法などでは算用数字を用いました。読者にとってわかりやすいかどうかが前提だからです。

もう一つ、数の表記で面倒なことがあります。「一個」「一ケ」「一コ」が、また「一箇月」「一ヶ月」「一か月」が混在する原稿はしばしばです。少なくともこれはその著作のなかで統一されていなければみっともないでしょう。

カタカナ表記もまた厄介。一つは音引き（「長音」とも）、つまり「ー」の扱い。「パーティー」か「パーティ」か、「コンピューター」か「コンピュータ」か。ウ濁音「ヴ」

の扱いもむずかしい。仮に原語の「V」には「ヴ」を用いるという原則を立てるのはいいとしても、「テレビ」を「テレヴィ」とするかどうか。

さらには、ナカグロ（Ⅲ「約物と罫線を使いこなせ」参照）、つまり「・」も面倒で、例えば「フランス・ワイン」と「フランスワイン」が混在することもしばしばあります。正直、大半の原稿はそれほど統一されてはいません。しかし、少なくとも同一書内ではある程度の一貫性が必要でしょう。

ありがたいことに、データ化された原稿であれば、検索機能で置き換えをすれば簡単に統一することができるようになりました。これは入稿前に編集者がきちんと整備しておくべきことです。

もちろん、送り仮名の統一（例えば「終る」と「終わる」）や漢字か仮名かの統一（例えば「思う」と「おもう」）もあります。同一頁で混在するのは避けたいけれど、あまり神経質になる必要はないでしょう。これは穏やかな統一でいいと思います。著者がきわめて意図的に漢字と平仮名を使い分けている場合は、当然そのままです。

もう一つ、リーダー（……）とダッシュ（――）は、著者の意図的な用法でないかぎり、2字分にするのが基本。ダッシュが1字分では音引きと紛らわしくなりますし、3字分ではやや間延びしてしまうからです。

ルビはやや多めに

ルビは読者層と大きく関係してきます。児童書なら総ルビないしそれに近いものになるでしょう。文庫など広範囲の読者が想定されるものもルビは多めになります。一方、読者が限定される専門書などであれば、必要最小限で問題はない。

一応そうは言えるのですが、個別には悩むことが少なくありません。明らかな難読文字に振るのは当然としても、「醍醐味《だいごみ》」や「終焉《しゅうえん》」や「所以《ゆえん》」、「呟《つぶや》く」や「寿《ことほ》ぐ」や「綴《つづ》る」に必要かどうかは悩むところです。個人的には読者層を踏まえた上で、やや多めに振ってきました。

案外に難儀なのが固有名詞、特に人名のルビ。人名事典に載るような人物でも、読み方は一様ではないからです。

藤原定家は「ふじわらのさだいえ」か「ふじわらていか」か。土井晩翠は「どいばんすい」か「つちいばんすい」か。開高健は「かいこうけん」か「かいこうたけし」か。名前には藤原定家のように時代による読み方の違いがあったり、土井晩翠のように本人が名前の読みを変更したり、開高健のように本名は訓読みで通称は音読みであったりする場合が少なくありません。そのために人名のルビは敬遠されがちですが、何らかの方針を立て、必要に応じて振るべきではないかと思います。

人名のルビで思い出しました。小説に登場する人物名。平凡な名前には振っていないことが多いのですが、二つの読みが可能な場合は気になります。中田は「なかた」か「なかだ」か、英子は「えいこ」か「ひでこ」か。こうした場合、私は著者に確認して振るようにしてきました。小説家によっては、ルビは説明的で小説にはそぐわないと考え、流れのなかで巧みに読み方を示すこともあります。

ルビではありませんが、原稿の整備の問題なので、人名に関してもう一つ。本文が新字の場合は新字が原則ですが、「芥川竜之介」か「芥川龍之介」かはしばしば悩むところです。「澤」「國」「團」「巖」「實」なども注意すべきで、ご本人が正字を使っていればそれに合わせるのが原則。もっとも、歴史上の人物であれば、新字で問題はありません。例えば、「源実朝」は「源實朝」としなくてもいいわけです。

引用は読みやすく

引用の体裁は、本書のようにできれば前後1行アキ、引用文全体を本文天より1字下げにすると、すっきりして読みやすいでしょう。あるいは鍵カッコに収めても問題ありません。著者の原稿表記の如何《いかん》にかかわらず、何らかの統一をすべきで、いい加減にしてしまうと編集者の不備に直結します。

なお、詩や和歌や俳句などの韻文《いんぶん》の独立した引用は、本文の天から2字下がりが原則。なぜなら、改行の最初は1字下がりとなりますから、全体を1字下がりとする引用の場合は2字下がりとなるわけです。

前後にアキを取らない全体2字下がりはどこか窮屈ですし、前後1行アキにしても本文の天に合わせるのは本文との区別がつきにくくなります。時に本文より小さい文字で組んだり、別の書体に変えたりするものも見かけますが、よほどのねらいがある場合は別として、妙に引用が浮き、手を掛けたわりには効果が上がりません。

パーレン内、すなわち（）内は文字を小さくすべきかどうか。本書のように補助的説明の場合は本文の書体より1ポイントほど小さくするべきでしょうが、作家の原稿などは説明ではなくそれをも含めて文章となっていることが多く、その場合に小さくしては逆効果です。

「改行の最初は1字下がり」と書いたので、あえて最後に主張したいのですが、それを天付き、つまり本文の天に揃《そろ》えるのは止めていただきたい。場合によっては、どこが改行かがわからなくなるからです。これを好むデザイナーや編集者がいますが、あまり本を読んでいないのではないかと皮肉の一つも言いたくなります。また、章が改まった時の最初の行だけ天付きにしている本も見かけますが、何の意味もない。

これ以外にも編集者の不備はあれこれとあり、挙げていけばキリがなくなってしまうので、これくらいにしておきましょう。なお、印刷所の不備とはゲラが編集者の指定通りになっていない場合で、書体やポイントが違っていたり、行アキの指示を見落としたりするケースが代表的です。

基本は引き合わせ

以上のような各種の不備を正すのが校正という仕事ですが、では実際にはどんな作業になるのか。基本的には次の二つになるでしょう。

①引き合わせ――「原稿照合」とも言い、原稿とゲラを照らし合わせる作業。
②素読《すよ》み――ゲラのみを読む作業。

引き合わせ。データ入稿以前の時代、これは必須の作業でした。原稿とゲラを厳密に照らし合わせる。これほど注意力と根気の要る仕事はありません。その上で、著者や編集者や印刷所の不備も正す。まさにプロの業《わざ》です。

編集部というものは、それなりに緊張感はあるにしても、どこかいい加減なところもあり、雑談に興じたり、笑い声が飛び交ったりもします。ところが、校正部は大違い。実に静かで、空気が張り詰めている。編集部から行くと、それまでの声のトーンを思わず落としてしまうほどです。別に大げさに書いたわけではありません。それだけ緊張を強いられる仕事だということです。

余談に流れてしまいましたが、この引き合わせこそ校正の基本。データ入稿の時代となり、原稿はそのままゲラとなって出てきますから、最初の校正刷りである初校《しょこう》の段階において、データ入稿以外は別として、今では引き合わせの必要がなくなりました。引用照合は別ですが、そのまま読み進む「素読み」が作業の中心です。

しかし、すぐれた校正者は例外なく「引き合わせが基本」と言う。実際にも二度目の校正刷りである再校《さいこう》では、初校の赤字を引き合わせることが大事な作業となります。

あらゆる角度から

校正は著者の不備、編集者の不備、印刷所の不備を正さなければならない作業ですから、もう一字一句が勝負です。人名や地名などの固有名詞は正しく書かれているか。出てくる数字に間違いはないか。表記は統一されているか。引用は正しいか。ワープロ原稿特有の同音異義はないか。ルビは一定の基準で振られているか。差別表現に当たるところはないか。盗用とは言わないまでも、何かの丸写しはないか。などなど、あらゆる角度から確認をしなければなりません。テニヲハを含め、文章の小さな不備はもちろんです。少しでも疑問に思えば、校正者はまず辞書事典類に当たり、さらには各種の資料に当たる。補助的にインターネットにも当たる。その上でギモンを出すわけです。

文芸誌「新潮」の校正では、あまり見かけない言葉が出てきた場合、まず四種の辞書に当たり、それでも出ていなければはじめてギモンとしてきました。ただし、辞書になくても、なるほどと唸ればギモンにはしない。開高健の原稿に「白想」という言葉が出てきたそうです。何かを思い浮かべたくなるが、何も思い浮かばない、というほどの意味でしょう。それは実に明瞭で、もちろん辞書にはない言葉ですが、ギモンは出さなかったということでした。

詩人にして文芸批評家の大岡信《まこと》は「校正とは交差することと見つけたり」（前述の『活字の歴史と技術』所収）でこう述べています。

原著者の書いていることに対して、校正者の方から交差的にかかわってゆくという能動的な行為があってはじめて、本当の意味での校正が成り立つのである。

編集者からすると、そうした校正はダイナミックにすら感じられます。

複数の目で

では、書籍において校正は手放す最後までどのような進め方をするのか。その説明の前に、ちょっと細かい話になりますが、触れておきたいことがあります。「校了《こうりょう》」と「責了《せきりょう》」。どちらも校正の終わりを示す言葉ですが、前者は「もう赤字はありません」、後者は「残った赤字は印刷所の責任で直してください」という意味になる。短い原稿なら校了もありますが、一冊の本ともなれば、実際には責了がほとんどです。

書籍の校正の進め方は出版社によってまちまちですが、ここでは私の経験してきた例を記しましょう。おそらくはもっとも丁寧な進め方ではないかと思われます。

初校のゲラが出てくると、まず社外の校正者が目を通し、続いて社内の校正者が目を通す。正確を期すためには複数の目が必要だという考えに基づくシステムです。その間に編集者は内容を中心にして読んでおき、双方のギモンなどを整理してゲラを著者に渡します。

編集者として大事なのは、校正者のギモンを右から左には流さないこと。例えば、校正者は明らかな誤記であっても基本的には赤字を入れず、鉛筆書きでギモンとしますから、場合によっては単なる書き間違いをした著者に対して失礼になりかねない。そういう時は、編集者は先回りして赤字にしておくべきでしょう。また、校正者はあくまで一般的に見てのギモンを出しているわけですから、その箇所が著者の意図的なものであるとわかれば、あらかじめ消しておくことも必要です。

ここでちょっと声を潜めると、校正者のギモンの多くは、表向きは著者に対するものですが、実は編集者の不備を指摘していることが少なくありません。「おいおい、もうちょっとしっかりしてくれよ」と言われているわけで、何度も恥じ入ったものです。

話を戻せば、著者は校正者と編集者が目を通したゲラに手を入れますが、これを著者校正、略して「著者校《ちょしゃこう》」と言います。文学者の場合、「真っ赤なゲラ」が戻ってくることも少なくありません。加筆訂正の赤字が驚くほど多く、呆然としたことは何度もありますが、さすがと思わせる加筆訂正がしばしばあり、これは編集者としてなかなかの楽しみでした。

念校や念々校も

著者校が終れば、さまざまな赤字の入ったゲラを印刷所に戻します。赤字が少なければ初校で責了となりますが、まずありえない。「要再校」とゲラの冒頭に記し、もう一度校正刷りを出してもらう。

仮に印刷所が完璧に赤字を直していても、校正者は赤字照合をしつつもう一度読み直すわけで、初校での見落としも見つかれば、新たなギモンも多々出てきます。編集者としても同様で、著者にまた確認をするわけです。

再校の段階で赤字が少なければ、責了となるわけですが、実際にはなかなかそうもいきません。そこで念校《ねんこう》、つまり念のための三校を取らなければならない。念校で責了ということが普通ですが、それでも終らない時は「念々校《ねんねんこう》」を取ることもあります。つまり四校。当然、印刷所に支払う費用はかさんでいきます。

辞書ともなれば、さらに五校以上となることもしばしばです。一つでも誤植がないよう慎重にも慎重を重ねるわけですが、それでも誤植は生じてしまう。年長の校正者から「辞書は二刷《にずり》以降を買え」と若い頃に教わったことを思い出します。

なお、明治大正期の日本において、少なくとも雑誌では、それほど厳密な校正は行われていなかったようです。「編年体 大正文学全集」（全十五巻別巻一、二〇〇〇～二〇〇三年、ゆまに書房）を手掛けた編集者の藤田三男は『榛地和《しんちかず》装本 終篇』（二〇一〇年、ウェッジ）で、「（当時の雑誌における）誤植、脱字、句読点の欠落」は「凄まじい」ものがあり、「『早稲田文学』『帝国文学』『白樺』などの同人誌、機関誌はもちろんのこと、『文藝倶楽部』『新小説』『中央公論』『新潮』などの有力総合誌、文芸誌といえども、校正をした人がいた形跡はほとんどみられない」と記しています。

最後に、まことに書きにくい話なのですが、触れざるをえないことがあります。校正は収益に直結しない仕事のため、そこにあまり経費をかけない出版社が少なくありません。事情はわかりますが、出版文化を考えると、これはいささか残念なことです。

Ⅲ　活字は今も生きている

安部公房『カンガルー・ノート』

（1991年11月、186頁参照）

グーテンベルクに感謝

もう存在はしていないけれど

今日、かつてのように鋳造《ちゅうぞう》された活字を組んで文字を刷る活版印刷はとうに消滅しています。印刷所がコンピュータ組版システムを採用して以来、活字そのものも活版印刷も過去のものになってしまいました。

実際、三十代以下で実物の活字を見た人は少ないでしょう。どこか鋭角的な美しさを感じさせるもので、小学三年生の頃だったか、印刷職人の父から数本の活字をもらい、しばらくは宝物のようにして大事にしていたことをよく覚えています。

ただ、活字という言葉が消えたわけではありません。「活字離れ」はしばしば見受けられるし、「小さな活字で読みにくい」などと誰もが口にする。つまり、活字には物体としての活字だけでなく、「印刷された文字」という意味もあるわけです。

狭義の活字に戻れば、今日では「書体」ないし「フォント」と言うべきでしょうが、先人の積み上げてきたその長い歴史を思うと、活字という言葉を簡単に捨て去る気にはなかなかなれません。いや、そんな個人的な感慨はともかく、活字時代における書体の基礎知識や応用のスキルは今日でも立派に通用します。無視することなどいささかもできません。

彫刻活字と鋳造活字

まずは活字という言葉を活版印刷がまだ一般的であった頃の国語辞書や百科事典に当たってみましょう。

活版印刷に用いる字型。普通方形柱状の金属の一端に文字を左向きに凸刻したもの。

(『広辞苑』一九五五年、岩波書店)

活版印刷において文字の印刷に用いる柱状のもので、頂面に1字ずつ凸状に刻んである。(『大百科事典』第3巻、一九八四年、平凡社)

活字は木などに彫った「彫刻活字」と母型《ぼけい》に金属を流し込んで作った「鋳造活字」に大別されます。一般には鋳造活字を意味し、この説明も鋳造活字のものですが、言うまでもなく、彫刻活字はそれ以前からありました。木に彫った木《もく》活字はその代表的なものです。

以下、ごく駆け足になりますが、活字ないし印刷の歴史を見ていきましょう。私にとっては素人も同然の世界なので、関連の専門書、各種の辞書事典、印刷会社や図書館のウェブサイトなどを参考にしつつ、自分なりに整理してみます。

ドイツとイタリアで

歴史を遡れば、現存する世界最古の印刷物とされるのが奈良時代の「百万塔陀羅尼《だらに》」で、これは活字ではなく、銅版ないし木版で印刷されたとされています。

活字を並べた組版による印刷ということなら、十一世紀の北宋における粘土を焼いた膠泥《こうでい》活字による印刷、十四世紀の元代における木活字による印刷、さらには十五世紀初頭の李氏朝鮮における銅活字による印刷などが記録として残っています。

つまり、活字による印刷という点では、局地的であって、その後の歴史に大きな影響を与えたものではなかったにせよ、かのグーテンベルクより東洋は先行していたわけです。

しかし、東洋が先行していたとは言え、誰でも知っているように、その後につながる活版印刷の歴史は、十五世紀半ばにドイツの金銀細工師ヨハネス・グーテンベルクが鋳《い》型《がた》によって活字を鋳造し、プレス印刷機を考案し、印刷に適したインキを開発したことから始まります。その業績に関して活字の鋳造だけが特記されがちですが、印刷である以上は当り前ながら、この三点セットであったことがまことに画期的です。余談ながら、プレス印刷機はワインを造る際のブドウ絞り機を参考にしたとか。

このグーテンベルク革命は、単に印刷や書物の世界における革命にとどまらず、世界の歴史をも大きく変えました。聖書の言葉は聖職者から耳で聞くものではなく、自分の目で読むものへと変わっていくし、書籍の普及にもつながっていきます。先に引用した坪内祐三『古くさいぞ私は』を真似れば、グーテンベルクに感謝。

グーテンベルクの発明はそもそも聖書の書写の労をはぶくことを目的としたものでした。有名な「四十二行聖書」（42行2段組のためにこう称される）を見ればすぐにわかりますが、現代につながる書体ではありません。教会における手写本の文字に近いもので、「ヒゲ文字」とか「亀の子文字」と呼ばれるドイツの古い書体はこの系統の書体（「ブラック・レター」と称される）に属します。

一方、ほんの少し遅れますが、グーテンベルクの書体に対して、イタリアではもっと読みやすい書体の開発が試みられ、一四七〇年頃、ヴェネツィアで今日の書体に近いローマン体活字が誕生しました。

ローマン体とは古代ローマで碑文などに用いられた書体を指し、それが十五世紀に活字化されるわけです。ずいぶんと昔の話ですが、ローマの遺跡を見学した際、石碑に刻まれた文字を見て、すぐに浮かんだ欧文書体がありました。ガラモンド（Ⅲ「欧文書体はファミリーに分かれる」参照）。それもそのはず、かなりあとで知ったことですが、ガラモンドはローマン体の流れを汲む代表的な書体の一つ。

話を戻せば、その後もフランスやイタリアの技術者がローマン体の改良を進め、急速に鋳造活字による印刷は普及していきます。グーテンベルクの発明は偉大であるとしても、同時にまたイタリアにおける開発も歴史的に重要なのではないでしょうか。

平仮名の明朝体は

日本の歴史も少し。明治以前における活字の印刷物では、十六世紀のイエズス会による西洋式印刷機を用いた「キリシタン版」、十七世紀の本阿弥《ほんあみ》光悦《こうえつ》・俵屋宗達《たわらやそうたつ》・角倉素庵《すみのくらそあん》が共同で手掛けた木活字（厳密には2〜3字単位の木活字）による「嵯峨本」、さらには徳川家康が命じた銅活字による「駿河版」などが知られています。もっとも、それらの印刷技術と印刷物はかぎられた範囲のものでした。

しかし、江戸時代も後期に入ると印刷物が急速に普及していきます。木活字によるものもありますが、多くは一枚の板を版とする版木による印刷でした。実物の版木を眺めると、その労たるやいかばかりであったかと思わずにはいられません。

日本における鋳造活字による本格的な活版印刷は、オランダ通詞《つうじ》であった本木昌造《もときしょうぞう》（「もとぎ」とも）らの努力に始まります。

彼らが学んだ鋳造活字の漢字書体は明朝体でした。十九世紀はじめ、中国のアモイで宣教師が華英対訳の辞書を印刷した時にはすでに明朝体活字があったそうです。さらに十九世紀半ば、フィラデルフィアで印刷技術を習得したアメリカ人ガンブルが上海で製作した活字に明朝体が採用され、その鋳造と組版の方法が本木昌造らに伝えられます。こうして、明治に入って版木ないし木活字の時代は終わりを告げ、鋳造活字の明朝体が日本語の主要印刷書体となりました。

ただし、それは当然ながら漢字だけのものです。カタカナ書体はヘボンが上海で『和英語林集成』（一八六七年）を印刷した時に誕生したようですが、平仮名書体はありません。新たに開発しなければならない。本木昌造らにとって、漢字とは大きく異なる平仮名の開発はカタカナより困難だったと想像されます。

ここで念のために書き添えておけば、本木昌造には「伝説」が多いとの指摘があり、彼一人を近代鋳造活字の功績者とすることには問題があるようです。そのため、ここでは「本木昌造」とはせず、「本木昌造ら」としました。

最後に、本書の「まえがき」にちょっとだけ戻ります。明朝体について「中国の明の時代に関係があろうとは考えられますが、はたしてその時代に生まれた書体であったのかどうか」と記しましたが、正しくは「もと宋朝に起こり、明朝の時に日本に伝来した」(『広辞苑』)ものです。

明朝体は美しい

新米編集者として感動

歴史はこれくらいにして、書体の種類やサイズなどについて説明していきましょう。
まず、種類。いろいろな分類があるようですが、私は次のように大別しています。

①和文書体
②欧文書体
③その他（新聞書体、外国語書体など）
④補助的記号

和文書体は文字数が圧倒的に多く、種類は限定されます。文字数が少なく種類の多い欧文書体とは対照的。また、欧文書体が字によって幅が異なる（例えば「W」は広く「I」は狭い）のに対して、和文書体は漢字でも仮名でも正方形が基本。種類は明朝体、楷書《かいしょ》体、ゴチックないしゴシック（編集の現場では「ゴチ」とも）などで、説明をする前に私が使ってきた書体のいくつかを示してみましょう。

明朝体——活字は今も生きている
ゴチック——**活字は今も生きている**
アンチック——**かつじはいまもいきている**（平仮名のみ、これは太アンチック）
楷書体——活字は今も生きている
教科書体——活字は今も生きている
宋朝体——活字は今も生きている

まだまだ和文書体はありますが、書籍においては明朝体が基本。縦線が太くて横線が細く、始筆部や終筆部に「爪」とか「ウロコ」と称されるもの、欧文書体における「セリフ」（次章「欧文書体はファミリーに分かれる」参照）にあたるものが付いているのが特徴です。直線と曲線の組み合わせが美しい。平仮名を含めて、バランスが取れていて、まとまって文章となった時もまた美しい。可読性の高さでは断然すぐれています。

新米編集者としてははじめて原稿を割付け、その校正刷りを見た時、なんと美しいものかと感じました。隣の席の先輩にそう伝えると、「そうなんだよね、美しいんだよなあ」と大いに同感してくれたものです。

本文書体としての明朝体は確たる存在

ほとんどの本の本文は明朝体。ゴチックで組んだ文芸書があっても、楷書体で組んだ学術書があってもかまわないわけですが、まずありえません。可読性が高いために長時間読んで疲れない点も明朝体の素晴らしいところです。念のために書き添えると、同じ明朝体といっても、印刷所による微差はあります。

明朝体は線の太さによって「細《ほそ》」と「中《ちゅう》」と「太《ふと》」と「特太《とくぶと》」といった具合に分けることはできますが、「細」「太」「特太」は本文用の書体ではありません。本文に用いる場合は単に明朝体と指定すれば、本書のように「中」に当たる明朝体となります。

見出しや小見出しなどにその他の明朝体、例えば太明朝体（編集現場では「太明《ふとみん》」と呼ぶ）などを使用する場合はそのつど指定します。それほどに本文書体としての明朝体は確たる存在なのです。時に本文を太明にしているものもありますが、どこか、いや、かなり野暮ったい。

そもそも太明は大きな文字のための書体であって、「特太」も含めて、ジャケットや表紙や本扉における書名や著者名、あるいは本文中の見出しで登場させるものです。ただ、どこで使うにしても、書籍で「特太」は避けたい。個人的な意見ですが、およそ明朝体らしい格調に欠けるからです。また、これは逆手ですが、ジャケットや表紙や本扉の書名などで大きな字をあえて「細」にするのは時に瀟洒《しょうしゃ》な仕上りになります。

最後に書き添えれば、明治期から現代までの百数十年間、本文用の明朝体にはかなりの変遷《へんせん》があり、一体に細身になってきています。戦前の本を見ると、太明と言いたくなるものもあるほどです。おそらくは印刷がよりクリアになったこととも関連しているでしょう。ただ、昔のどこかぼってりした書体も捨てがたい味があります。

楷書体の「楷」とは

明朝体以外でよく使われるのはゴチック。太くて力強く、人目をひくので、強調するには最適の書体です。ジャケットなどにおける書名ないし著者名、目次の一部、さらには見出しや小見出しなど、使用範囲はかなり広いものがあります。

明朝体と同様、これにも「細」から「特太」までいろいろ種類はあっても、本文で使用する場合、単にゴチと指定すれば中間の太さのゴチックで組まれてきます。これが基本。上手に使えば実に効果的な書体です。しかし、多用するとかえって逆効果、うるさくなってしまう。また、長い文章に用いると逆に平板になりかねません。細ゴチは使い方によっては効果的ですが、太ゴチはあくまでディスプレイ用のものでしょう。

なお、ゴチックの漢字と太い平仮名のアンチックを組み合わせる場合もあり、かつては定番でもありましたが、今日の目で見るといささか古くさく感じられます。

もう一つ、しばしば登場するのが楷書体（「正楷体」とも）。教科書体はこの亜種と見ていいでしょう。「楷」というあまり見かけない文字が使われているのには二説あるようです。まず一点一画が整っているので、「整う」を意味する「諧」を借用して「楷」にしたというのが一説。楷とはそもそも檜《ひのき》に似た常緑樹で、幹が真っ直ぐに立っていることに由来するのだというのがもう一説です。

それはともかく、柔らかな筆文字風の感じもあり、場所を得れば効果的な書体です。楷書体と教科書体を比べると、味わいでは前者が上回るように感じます。また、明朝体と同じく、楷書体でも教科書体でも、印刷所による違いもあり、編集者としてはそのあたりを慎重に見極めなければなりません。なお、両者には「太」もあります。

個人的に好きなのは宋朝体。全体に細身で少し斜めになっており、曰《いわ》く言いがたい気品があります。ただし、本来は漢字のためのもので、かつ縦組用、石碑などならともかく、書籍では使う場面はほとんどありません。漢字のみの書名の本の函やジャケットや本扉にほんの数回使ったことがあるだけです。

日本語の書体のなかでおなじみのものは、「その他」に含めた新聞書体でしょう。やや平べったく、つまり正方形ではなく、縦線と横線の差があまりない。慣れということもあるでしょうが、新聞では何の違和感もないのに、書籍では本文にも見出しにもなりません。

ただ、この書体を使うとどこか時事性が出るので、ノンフィクションのジャケットのタイトルにあえて使ったことがあります。むろん、そのままでは芸がない。平板にも見えてしまう。そこでまず粗い紙に刷り、それを拡大しました。つまり、文字の周辺がラフになるようにして味を付けたわけです。

サイズはポイントで

当然ながら書体には大きさ、つまりサイズがあります。寸法の単位となるのはポイント、そして級（Q）数。この併用は長らく編集者を悩ませてきました。ポイントと級数がぴったりとは一致しないからです。９ポと指定したら、その印刷所は級数前提で、やや大きい13級で組んできました。こうなると見た目も違えば、本文の天地左右が微妙に広がってもしまい、余白にも狂いが生じる。しかし、今ではこの問題はほぼ解決されました。寸法が細かく刻めるようになり、どちらで指定しようと印刷所は編集者の意図に合わせることができるようになったからです。

まだ現場では級数を使う編集者もいればデザイナーもいるし、級数前提の印刷所もありますが、現在ではポイントが主流。パソコンのワープロ・ソフトがポイントを採用したこと、大日本印刷や凸版印刷といった大手印刷会社がポイントを前提にしていることなどが背景にはあるかもしれません。

ところで、ポイントとはいかなる寸法か。ヨーロッパでもアメリカでもポイントが基準ですが、その寸法は微妙に異なるようです。日本はアメリカ式で、1ポイント、イコール0・3514ミリ。実務上、3ポ1ミリとしてそう計算は狂いません。ちなみに、ヨーロッパ式は0・3759ミリ。

ポイントは数値が小さくなればサイズも小さくなり、数値が大きくなればサイズも大きくなります。相互の倍数関係もきちんとある。つまり、8ポは16ポの正確に半分。少し実例を示しましょう。本書の本文が明朝体9・5ポであるのは前述の通り。

8ポ――活字は今も生きている
9ポ――活字は今も生きている
10ポ――活字は今も生きている

古くは号数が寸法として用いられ、一番大きい初号、次いで大きい一号と始まり、八号までの九種類があり、私が新米編集者だった頃にもまだ一部には残っていました。号数は相互の倍数関係がなく、サイズに慣れないといささか使いにくいとされています。ただ、サイズが大きくなるにつれ文字が太くなり、見出しなどでは便利な面もあったようです。その点、現在はポイントでも級数でも縦線と横線の太さは一定比率なので、前述の「細」「中」「太」「特太」といった区別が必要になったと思われます。

欧文書体はファミリーに分かれる

一冊の古い見本帖

私の手元に一冊の古い欧文活字の見本帖『KOBUNDO TYPE BOOK』（一九七三年）があります。晃文堂という活字会社が出したもので、週刊誌サイズのB5判288頁。これを眺めれば、欧文書体はいかに種類が多いかと驚かされます。

四十年近くを経ていても、欧文書体を扱う時にこれほど便利な見本帖はありません。もちろん活版印刷時代のものであり、その後に開発された欧文書体があるにしても、今日でも十分に役立つ。同時に、普通には知ることのできない知識も与えてくれます。グーテンベルクの書体に関して触れたブラック・レターについて、大文字と小文字で組むべきで、大文字ばかりだと読みにくい、といったアドヴァイスまである。そう教わっても、活かす場面はまずないわけですが。

大手の印刷所でもこの見本帖ほどの欧文書体は常備されていません。ただ、もしこの見本帖に出ていて、使いたい特殊な書体がある場合は、そのコピーを印刷所に示すか、あるいはマッキントッシュで欧文書体を探せば、まったく同じではなくとも、かなり近い書体のものを使うことができます。

ファミリーだけで一千種類！

欧文書体はセンチュリー・ファミリーとかボドニ・ファミリーといった具合にファミリーに分けられるのですが、その種類は多い。先の見本帖によれば、『エンサイクロペディア・オブ・タイプフェース』には、ファミリーだけで一千種類も載っているそうで、しかもそれがいろいろなシリーズに枝分かれしていくわけですから、呆然とするばかりです。

専門的には、欧文書体は八大別、あるいは十二大別できるとされるようで、これは歴史やデザインから分析した結果でしょう。ただ、日本語の本において使う場合は、勝手な分類なのですが、四つに分けるのがわかりやすいと私は考えてきました。

すなわち、明朝体のように可読性を重視した書体、ゴチック系の書体、手書き風の書体、アクセントの強い見出し専用の書体の四種。これは日本語の本を編集する際の実務上の分類で、もちろん学問的なものではありません。

以下は私の手元にある欧文活字見本帖に拠りながら、見出し専用の書体は別にして、よく日本の本でも使われる代表的な書体を少し紹介しましょう。

センチュリーは欧文の明朝

欧文書体をよく眺めると、直立した立体でもイタリック（斜体）でも、文字のストロークの端に「爪」とか「ウロコ」と呼ばれる飾りがあるものとないものがあることに気づくはずです。専門用語では「セリフ（serif）」と言い、先述のローマン体にはまず付いています。明朝体も広い意味でセリフのある書体と言えるでしょう。

一方、セリフのない書体は「サンセリフ（sans serif）」と呼ばれています（「グロテスク」とも)。具体的に示せば、「A」や「C」がセリフで、「A」や「C」がサンセリフ。

十八世紀に始まるサンセリフは後発の書体です。

可読性を重視した書体と先に書きましたが、これはセリフのある書体と言い換えていいかもしれません。何と言っても、読みやすい。しばしば使われる代表的なものにセンチュリー・ファミリーがあり、明朝体と組み合わせても少しも違和感が出ないため、繰り返し使ってきました。

▼センチュリー・ファミリー（Century family）

ABCDEF abcdef 12345　*ABCDEF abcdef 12345*（センチュリー・オールド）

十九世紀末にアメリカで開発された書体で、日本でも早くから普及しました。細い順にカタログ、オールド、ボールド。ちなみに、本書のノンブルはセンチュリー・オールドのイタリック。

その際立った特徴は可読性の高さで、しばしば「欧文の明朝」などと呼ばれたりしますが、正確には明朝を「和文のセンチュリー」と呼ぶべきでしょう。なお、カタログとオールドはよほど丁寧に比較しないとわかりませんが、後者がほんの少し太く、字間は前者の方がやや広い。

可読性という点で、個人的な好みもありますが、ガラモンド・ファミリーを外すわけにはいきません。

▼ガラモンド・ファミリー（Garamond family）

ABCDEF abcdef 12345　*ABCDEF abcdef 12345*（ガラモンド）

ローマン体の典型とも言えるものです。そもそもは十五世紀後半にヴェネツィアで誕生した書体が元で、その後はイギリス系とフランス系に分かれて発展していくそうで、ガラモンドはそのフランス系の代表。「女性的な優雅さ」によって各国で近似の書体が製作されてきました。

可読性に加えて、美しく、しかも格調が高い。立体も見事なら、イタリックもまた見事。数字によってはちょっと上に飛び出したり下にはみ出したりします。特に「4」が素晴らしい。

余談一つ。ある本でこのガラモンドを使ったら、「墓碑みたいな書体だね」と著者から言われたことがありました。「格調の高い書体です」と答えたのはもちろんです。

ゴチック系なら洗練のフーツラ

欧文書体で特に感心するのはゴチック系。ここで言うゴチック系とは、縦線・横線・曲線の太さが同一で、文字のストロークの端にセリフがない書体を指します。すなわちサンセリフに属す書体。ただし、例外的に数字の「1」の頭に多くはセリフが付いています。おそらく「I」（大文字のアイ）や「l」（小文字のエル）と区別しやすくするためでしょう。

サンセリフに属すファミリーをゴチック系と単純に括《くく》ってしまうのは専門的には問題かもしれません。これはあくまで編集現場の感覚です。

この系列は変化に富む上、いずれも美しく、極太のものさえすっきりとしています。欧米のデザイン感覚を象徴しているとさえ言えるでしょう。残念ながら、和文書体のゴチックはとてもそこまでには及びません。ここでは数あるなかからフーツラ・ファミリーに代表として登場してもらいましょう。扱うたびにそのすっきりとした線には感嘆してきました。

▼フーツラ・ファミリー（Futura family）

ABCDEF abcdef 12345　ABCDEF abcdef 12345（フーツラ・ライト）

一九二七年にドイツで発表された近代的サンセリフを代表する書体。幾何学的な美しさと近代感覚にすぐれ、世界中で急速に普及していきました。一九二〇年代といえば、幾何学的デザインが好まれたアール・デコの時代。まさにそれを象徴しているとさえ言えるでしょう。細い順からライト、ブック、メディアム、メディアム・コンデンス、ボールド、ボールド・コンデンス。何と言っても読みやすくて洗練されているのは細いライトの立体とイタリック。いずれもノンブルなどで何度も使ったものです。

スクリプトは効果的にも場違いにも

最後に記しておきたいのが手書き風書体のスクリプト・タイプ。うまく使えば、ずいぶんとお洒落になります。ただ、何度も使ってきた実感ですが、このファミリーはいくつものシリーズに枝分かれしていて、使い方は容易ではありません。

▼スクリプト・ファミリー（Script family）

ABCDEFabcdef 12345（キュンストラー・スクリプト・ボールド）

元来、スクリプトとは銅板彫り印刷のためのもので、ペンによる手書きの感じを活字化した書体と言えるでしょう。従って斜体のみ。欧文書体の草書とも呼べるもので、大別すると、文字の末尾が次の文字につながるジョイニング・スクリプト、つながらないノンジョイニング・スクリプトとなります。このスクリプトは前者。

日本でも招待状、料理店のメニュー、名刺などによく使われています。お洒落でいて風格もあるのですが、読みやすいとは言えず、長い文章には使えません。

付け加えれば、よく知られているものにタイプライター書体があり、その素朴な味が何とも言えません。昔の欧文の手紙を思わせるところがあり、うまく使えばどこかひと時代前の雰囲気を出すことができます。

なお、その他の書体に属す外国語書体は、ギリシャ語やロシア語といった書体をはじめとして、いくつでもあります。無限と言えるほどの外国語が出てくる本を手掛けた時のことですが、アラビア語となるともう私も校正者もまったくお手上げで、著者にすべておまかせするしかありませんでした。

さらについでながら、新米時代にエジプト考古学の本を手掛けたことがありますが、古代エジプトの独特な文字ヒエログリフはもちろん活字がなく、著者に手書きで清書してもらうなど、ひどく往生したものです。

デザイナーであれば見出し専用の書体も熟知する必要はあるけれど、編集者としては可読性の高い書体、ゴチック系の書体、スクリプト・タイプの書体の代表的なものをいくつか知っておけば、ある程度の用は足りるでしょう。

約物と罫線を使いこなせ

使いすぎると安っぽい

補助的記号と言うと堅苦しい表現になりますが、これには約物と罫線があります。

約物は言わば一種の約束記号ないし要約記号。例えば「？」の場合、書き手と読み手とのあいだに疑問であることが共通して認識されているわけです。携帯メールにしばしば使われる絵文字や書き手の感情を示す顔文字も、分類すれば、やはり約物。

無限と言ってもいいほどに種類はありますが、効果的に使いこなせれば、編集者も一人前。ただし、大切なのは「効果的」という点であって、面白がって使いすぎると安っぽくなりかねません。

約物には数学や医学といった特定分野のもの、辞書類で独自に開発されたものなどもありますが、ここでは通常の記述においてよく使われるものを紹介しましょう。約物は和文系と欧文系に分ける考え方もあるようですが、実際に即して経験的に分類してみました。従って系統名はまことに勝手なネーミングです。

当り前のように登場するのは、句読点であったり、○や△であったり、＋や－であったり、「」や（）であったり、＊や※であったりするわけで、昔の印刷職人が付けたかと思われる面白いネーミングもあります。

代表は句読点系

最も頻出するのは句読点。「。」が句点、「、」が読点で、以下のようなものがあります。

▼句読点系

。――句点、マル、終止符。

、――読点、テン。

・――中黒《なかぐろ》、中ポツ。

．――ピリオド。

，――コンマ、カンマ。

このほか、コロン（：）やセミコロン（；）もここに含まれます。スラッシュ（／）も同様。読点に関して個人的な感想を一つ。印刷所によっては妙にぼってりとしたものがあります。何だか頁の中を蟻《あり》が這いずり回っているような感じがしてしまう。

?や!の乱用は避けたい

句読点系に負けず劣らず頻出するものに疑問・感嘆系があります。「?」も「!」もついつい使いたくなってしまうものですが、乱用は避けたい。文章が空振りの多いボクサーみたいなことになってしまう。あくまで必要な補助として使うべきものです。もっとも、便利なこともたしかで、「!?」なんて、言葉で表現しようとするとかなりややこしいことになるでしょう。

▼疑問・感嘆系

? ——クエスチョン・マーク、疑問符、耳だれ。

?? ——二重疑問符、二つ耳だれ。

! ——エクスクラメーション・マーク、感嘆符、雨だれ、びっくりマーク。

!! ——二重感嘆符、二つ雨だれ。

!? ——ダブルだれ。

これは後述の「印系《しるし》」に属すものですが、使用頻度が高いので独立させました。これらには「!」(斜め雨だれ)のような斜体もありますが、書籍の本文中では使わないのが原則。明朝体とうまくフィットしないからです。また、この系統の記号で文章が切れていれば、次に一字空けるのも原則。もし切れていなければ、次に述べるパーレンのなかに、つまり(?)(!)といった具合に収めると読みやすくなります。

カッコの要諦は

これまた頻出するのがカッコ系。そもそも約物とは文章の脇役、あるいは黒子と言えるものですが、特にカッコ系はそんな感じがします。

▼カッコ系

「　」――鍵カッコ。

『　』――二重鍵。

（　）――パーレン、丸カッコ。

【　】――隅《すみ》付きパーレン。

〔　〕――亀甲《きっこう》、亀甲カッコ。

［　］――ブラケット、大カッコ。

〈　〉――山鍵、ギュメ。

《　》――二重山鍵。

鍵カッコ、二重鍵、パーレンは三大カッコと言ってもいいでしょう。隅付きパーレン以下も、使い方次第では効果的。また、本文に使う山鍵と二重山鍵は二分物《にぶんもの》（「半角物」とも）、つまり一字分の半分で残り半分は空白のもの（前掲の見本）を使うのが基本です。

しばしば見かけますが、全角物の〈〉や《》ではカッコばかりが目立ち、バランスもよくありません。カッコの要諦《ようてい》はカッコ内の言葉を目立たせること。

ダッシュとリーダーは2字分

まだまだ約物は多数あり、しばしば目にするものを挙げてみましょう。

▼繰り返し系

々　——漢字返し、おどり。

「々」は現役ですが、かつてはごく普通に使われていた平仮名返し（ゝ、ゞ）やカタカナ返し（ヽ、ヾ）、さらには大返し（〱、〲）は、今ではほとんど使われなくなりました。「同じく」を意味する「〃」（「ノノ字点」、「チョンチョン」）もこの系統。

▼ダッシュ系

‐　——ハイフン。

＝　――二重ハイフン。
―　――ダッシュ、ダーシ。
‖　――二重ダッシュ、二重ダーシ。
〜　――波形。
…　――リーダー。

本文中では、すでに述べたように、ダッシュとリーダーは2字分にするのが基本。なお、ダッシュをつづければ、このあとで触れる罫線と変わりませんが、1字分でも独立するので、罫線とは別の系列となるでしょう。

アステリスクは優等生

さらに加えれば、次のようなものもあります。いずれもおなじみ。

▼丸・三角・四角系
○　――丸、白丸。

●――黒丸、丸ベタ。
△▽―三角、白三角。
▲▼―三角、黒三角。
□――四角、白四角。
■――黒四角。
◇――菱形。
◆――黒菱形。
◎――二重丸。
◉――蛇《じゃ》の目。

これらの約物を本文中で使う場合、かなり目立つものなので、本文が9ポなら8ポといった具合にやや小さくすると、すっきりと見えることがあります。この章で分類名の頭に使っている▼は、本文の9・5ポに対して9ポ。

▼印系

☆　──星印、白星、スター。
★　──黒星、黒スター。
♥　──ハート、ハート・マーク。
※　──米印。
＊　──アステリスク、アステ。
＃　──ナンバー、番号符。

このなかでもよく使うのはアステリスク。柔らかな存在感があり、和文書体に組み合わせても欧文書体に組み合わせても違和感がなく、妙に突出しません。まさに印系の優等生です。

▼矢印（指印）系

↓↑　──矢印。
↕　──両矢印。

もちろんこれ以外でも、「＋」「－」「×」「＝」といった数学の記号、電話を示す「☎」や音符の「♪」などは日常でもおなじみですし、ダガーないし短剣符と呼ばれる「†」などもあり、約物は数多いけれど、ここで触れた物くらいを知っていれば、編集作業上は十分のはずです。

なお、強調したり、特別の意味を持たせたりしていることを示す傍点《ぼうてん》（「ゴマ点」とも）も約物の一種になります。「傍点」といった具合に振るわけですが、これを丸点にしてしまうと、どうも明朝体にはうまくなじみません。戦前というより大正以前ですが、当時の本には、文字の傍《かたわ》らに「・」や小さな「○」「◎」やらが振ってある本をよく見かけました。それが今日では傍点に落ち着いたわけです。

罫の代表は表と裏

最後は罫線。現場では単に「罫」と呼んだり「ケイ」と書いたりしますが、種類はかなりあります。ただ、書籍は特にそうですが、使われるのはシンプルな表罫と裏罫が大半でしょう。ほかの罫はかつてに比べて次第に使われなくなってきました。

ちなみに、活版印刷の時代、罫線で図表などを作ると、罫がクロスするところで小さな空白ができてしまい、すっきりとはしませんでした。そのため、罫をきれいに引いてもらえる写植（写真植字）で版下を作ったものです。写植とはレンズを通して印字することで、レンズの操作で書体を細長くしたり、平たくしたり、斜めにしたりすることも自在。これは便利なものでしたが、活版印刷とともに今では過去のものになってしまいました。

いくつかの代表的な罫を示しましょう。

▼罫線

表罫。

裏罫。

無《む》双《そう》罫。

双柱《そうちゅう》罫。

子持ち罫。

ミシン罫。

ブル罫、波罫。

カスミ罫。

もっとも代表的なものが表罫と裏罫。「表」「裏」と呼ぶ由来は、活字と縦の寸法が同じ金属板の一端を尖《とが》らせたのが表罫、尖らせていない反対の一端が裏罫なのだと入社当時に先輩から教わりました。活版印刷が失われた今日ではその意味はたどれませんが、なるほどそうであれば、「表・裏」と一対の言葉になっていることがよくわかります。

Ⅳ　見える装幀・見えない装幀

辻邦生『西行花伝』

（1995年4月、190頁参照）

紙には寸法も色も重さもある

装幀は正しい表記か

ここでは函やジャケット、表紙や見返しなど、つまり書籍における本文紙以外の部分について触れていきましょう。一般に装幀と称される領域で、書物の意匠、書物の形を整える作業です。

話を進める前に、まず記しておきたいことがあります。本書では「装幀」としましたが、ソウテイの正しい表記とは……。「装丁」や「装釘」という表記も少なくありません。しかし、いずれも本来は誤用だとされています。

これは装幀に携わる人にとっては常識と言ってもいいでしょう。例えば、イラストレーターで装幀家としても名高い和田誠の『装丁物語』（一九九七年、白水社）でも、装幀史に通じた臼田捷治《うすだしょうじ》の『装幀時代』（一九九九年、晶文社）でも、『広辞苑』における「本来は、装《よそお》い訂《さだ》める意の『装訂』が正しい用字」を引き、その上で「装丁」あるいは「装幀」としています。

また、装幀家としても活躍する版画家の柄澤齊《からさわひとし》は『銀河の棺』（一九九四年、小沢書店）で、正しくは装訂であるにしても、「私には装丁がいちばん好ましく思える」と記しているし、前述した編集者の藤田三男は装幀の先達《せんだつ》である恩地《おんち》孝四郎に倣《なら》って「装本」という言葉を採り、自ら手掛けた装幀の回想記を『榛地和装本』（一九九八年、河出書房新社）と題しました。

卓越した読書人であった向井敏《さとし》はその『榛地和装本』の書評（「東京人」一九九八年五月号）で、やはり装幀の表記に言及し、漢籍・書誌学の長澤規矩也《きくや》『図書学辞典』（一九七九年、三省堂）における次のような言葉を引いています。「幀は音トウで、テイとは漢字の旁《つくり》の音で読んだ百姓読み。装幀は、書画を掛け物や額に仕立てることである。釘や幀を使うくらいなら、今日では、装丁と書く方がよろしい」。

何だか装幀と書くのが恥ずかしくなってきますが、長年この表記を使ってきた者としては今さら装訂とはしにくい。装丁も装釘もどこか距離がある。誤用がいつの間にか定着したことを承知の上で、この先も装幀でいくことにします。

まずはサイズ

紙についてはこれまでも何度か触れてきましたが、ここでは改めて基本から説明しましょう。紙は本作りの土台となるもので、装幀を考える上でもあらかじめよく知っておく必要があるからです。

まずはサイズ。すでにⅡの「すべては判型から出発する」でも説明したように、基本的にはA判とB判に分かれます。A判はもともとドイツの規格で、A全（A1）に始まり、その半分がA2、そのまた半分がA3となり、日常でおなじみのA4やA5になっていきます。

一方、B判は先述した江戸時代の美濃判に由来する日本独自のものです。B全（B1）に始まり、これまた同じく日常でおなじみのB4、B5になっていきます。ここで面白いのは、A全が841×1189ミリ、すなわちほぼ1㎡であるのに対して、B全は1030×1456ミリでほぼ1・5㎡、つまりA全の1・5倍になることです。

大事なのは縦と横の比率が1対ルート2（1・414）となることでしょうか。つまり、半分に切っていけばどこまでも縦横の比率は変わらない。当り前の話なのですが、今もって私には、魔法を見ると言うか、神秘的な感じがします。

もちろんこれ以外に、半紙判とか官製はがきなど、紙にはいろいろサイズがありますが、書籍に関してはすでに述べたB6判よりほんの少し大きい四六判、A5判よりこれもほんの少し大きい菊判を加えて覚えておけば十分でしょう。四六判はB系列、菊判はA系列であって、基本的にはA判とB判の二つの基準があるということになります。

真っ白な本文紙は少ない

書籍の本文紙の色は、大雑把に言えば白なのですが、少なくとも文字が主体の本であれば、実際に真っ白は少ない。よく見れば、白っぽくてもグレーがかっていたり、イエロー系だったりしているはずです。また、そのイエロー系にしても、色が薄いものもあれば濃いものもあります。

ほぼ真っ白な紙と言えば、コピー用紙が身近ですが、光の反射が強いので、長い時間読んだり書いたりするのには向いていません。今や絶滅に近い原稿用紙にイエロー系が多いのは、何より目が疲れないからです。

文芸色の強い本はイエローが主流で、それもやや濃くて赤みがかったものがよく使われてきました。各社の文芸書を比べてみるのも一興。慣れということはあるにしても、赤みがかったイエローにくっきり墨の文字が印刷されているものは、どこか格調が感じられ、読みやすくもあり、個人的には好んで使ってきました。

重さもデザイン

紙には重さもあり、これを「斤量《きんりょう》」（「連量《れんりょう》」とも）と呼びます。書籍の場合、薄い本であればさしたる差は出ませんが、分厚くなると話は別。ある個人全集の時、1000頁を超える巻があり、やや重い紙と軽い紙で二種類の造本見本を造ってみました。何と前者は1キロを超えてしまい、それより0・2キロは軽い後者にしたことがあります。

本の重さについて配慮することもまたデザインなのです。

ちなみに、造本見本とは実際に使用する本文紙を用い、想定する頁数と判型で作る見本の本のことで、表紙も付けますから、仕上った時の厚さや重さがここでわかります。同時にジャケットやオビの寸法も決まるわけで、本作りには欠かせません。

最後に、よく見かける言葉「上質紙」と「中質紙」についてごく簡単に触れておきましょう。紙にはさまざまな種類がありますが、書籍に用いられるのは「書籍用紙」とされるもので、本文紙とそれ以外、つまり函やジャケットや表紙や見返しや本扉やオビの用紙（「ファンシーペーパー」「ファインペーパー」などとも言う）に大別されます。

その本文紙に上質紙と中質紙があるわけですが、違いを知るためにはまず「化学パルプ」について少し知る必要があります。編集者の松田哲夫『「本」に恋して』（二〇〇六年、新潮社）などを参考にして記せば、木材などの原料を細かくほぐし、繊維の集まりの状態のパルプにする際、「強くて白色度が高い製品にするために、繊維に色をつけている『リグニン』などを化学薬品で溶出除去して繊維だけをとりだ」したものが化学パルプです。

その化学パルプ１００％のものが上質紙。化学パルプ70～90％にリグニンなどを除去しない機械パルプを加えたものが中質紙。やはり上質紙が一番で、中質紙も最近ではかなり改良されてきたようですが、しなやかさや強度や白色度でやや劣り、劣化もしやすいと言えます。

函入りかジャケットか

日本人ならではの包装感覚

書籍を外側から見ていくと、オビは別として、一番外側は函かジャケット。場合によっては表紙だけの本もあります。また、限定版などでは函入りの本をさらに段ボールなどで作った「保護函」に入れることもありますが、これは例外。

函は貼函《はりばこ》と機械函の二種類に分かれます。貼函とは板紙などの厚い紙で作られた函にタイトルなどが印刷されている上紙《うわがみ》を貼ったものです。今でも要所は手作業で、最近は少なくなりましたが、函の王道、風格すら感じられます。

前述の『「本」に恋して』によれば、最初に紙函が用いられたのは明治二十七、八年頃で、貼函だったそうです。同書も指摘する通り、貼函は江戸時代における「帙《ちつ》」、すなわち厚紙に布を貼って書籍をおおった物が変型したものでしょう。

作品のグレードをさりげなく示すもので、個人全集、純文学大作、大家の短編集や随筆集、また学問的な大著などにはしばしば使われてきました。一体に、分厚い本に貼函を用いれば堂々たる感じが出るし、薄い本に用いれば瀟洒《しょうしゃ》な印象を与えます。ついでながら、指が入らぬほど幅の狭い貼函は不可能。手作業なので、指が入る以上の幅が必要だからです。

後述の機械函もほぼ同様ですが、通常はシンプルに書名・著者名を記す程度です。もちろん四色を使用するカラー印刷も少なくありませんが、二色さらには一色でも可能。貼函はそれだけですでに存在感がありますから、カットがあってもあまりうるさくないようにしたい。ここで派手なジャケットに張り合う必要もないでしょう。

デザインという点で見れば、文字処理が命。書家にタイトルを書いてもらう手もあれば、短冊状の墨ベタ（黒一色）に金の文字を載せ、地味派手（?）をねらうといった手もあり、なかなかにそのデザインは奥が深いものです。

洋書で貼函を見たことがありますが、かなり例外的なもので、かつての貼函多用は日本特有のものでした。いささか過剰包装であるのはたしかにしても、繊細な包装感覚とでも言うべき味わいには捨てがたいものがあります。

機械函も減ってしまった

一方の機械函とは、印刷した紙と板紙を貼り合せ、型抜きをして組み立てたもので、ホチキスで天地を閉じたステッチ函（「針金止め」「ガチャ函」とも）とノンステッチ函（函の小口は折り込むか断ち落とす）に分かれます。今ではステッチ函はほとんど見かけなくなりました。それはともかく、いずれも文字通り機械で製函《せいかん》したものを指し、貼函ほどには費用はかかりません。

かつては少しも珍しくなかった函入り本が激減したのには理由があります。一つには定価を抑えるためであり、もう一つには長期保存の必要のない本には無用のものだからです。

貼函ともなれば定価がジャケット装のものに比べて高くなってしまう。かさばるために、持ち運びにも向いていない。それは十分に承知しているし、函を数多く手掛けてきた編集者の感傷であることもまた承知していますが、本によってはぜひ、と思います。

函に関して余談を一つ。函とジャケットではオビの表裏が左右逆になります。函の場合は右が表、ジャケットの場合は左が表。昔もジャケットの本が一般的でしたから、函入りを手掛けるとつい普段のクセが出て左を表にしてしまい、途中まで気がつかないことが何度かありました。オビは文案だけでなく、デザインも編集者が手作業でやっていた時代の話です。

最後に書き添えれば、貼函でも機械函でも、ヴィジュアルの側面ばかりが云々されがちですが、本体を日焼けや湿気や埃《ほこり》などから守る実用性があることも忘れてはならないでしょう。実際、数年数十年という単位で見れば、どの種類の函でも本体の保護になっています。

ジャケットは何でもあり

現在はジャケット装、いわゆるカバー装が圧倒的多数派です。ジャケットとて無用という見方もあるでしょうが、表紙だけの本はよほど上手に作らないかぎり、チープな感じがしてしまう。本にとっては最後の一線というところかもしれません。

なお、ジャケットは余分に刷っておけば、返品の本をふたたび市場に出す際、簡単に掛け替えられるなど、流通上の意味も持っています。

ジャケットは函に比べると一体ににぎやかです。色は三色以下もありますが、四色を使うカラーにするのが普通で、時にはもう一色（「特色」という）加えて五色とすることもあります。また、可愛らしいイラストで目を引くものもあれば、にぎやかな図柄で訴えるものもある。とてつもなく大きなタイトルで、しかもそのなかの一文字を強調し、斜めにしていたり、真っ赤にしていたりするものもある。函の渋さとは対照的です。

これはあくまで一般論で、例外は珍しくないにしても、もし函が「わかってくれる人にわかってもらえればいい」という寡黙《かもく》な姿勢だとすれば、ジャケットは「わかってくれ！」と叫んでいるようなところがあります。ひっそりと店名だけが入った暖簾《のれん》がかかっている老舗《しにせ》と店頭にネオンサインが派手に光っている店との違いと言えばわかりやすいでしょうか。

いささか大げさに比較したので、ジャケットを低く見ているように思われるかもしれませんが、違います。あくまで内容次第で、どんと派手にやるのもまた編集の醍醐味。仮に丸い穴を開けて表紙の一部を見せたって一向にかまわない。要は、内容にうまく合っていれば「何でもあり」ということです。

ジャケットのコーティングにも触れておきましょう。多くのジャケットには紙を保護するためもあって、ビニール・コーティングが施されています。ビニール加工、つまり合成樹脂加工。業界用語では「ＰＰ」と呼びます。ポリプロピレンの略。ポリプロピレン製フィルムを紙の印刷面に熱圧着するのですが、これにはツヤ付き（「グロスＰＰ」）とツヤ消し（「マットＰＰ」）があり、前者はやや派手で後者は少し落ち着いた印象を与えるかもしれません。

表面が和紙のような風合いのある紙の場合、ビニール加工ではせっかくの風合いが飛んでしまいかねません。その場合は、加工しない刷りっぱなしにするか、油性か水性のニスを用いた「ニス引き」にします。

ついでながら、ビニール・コーティングしたジャケットは固く絞った雑巾《ぞうきん》で汚れを拭き取れますが、和紙風のジャケットはコーティングしていないことが多く、雑巾では拭けないのが泣きどころ。

ジャケットに関して最後に一つ。小口から見返し側に折り返した部分を「袖《そで》」と呼びます。著者紹介、内容紹介、推薦文などが載っている本が少なくありません。一般書なら編集者があれこれと工夫したくなるところです。ただ、文芸書、なかでも小説では避けたい。小説のジャケットは内容を象徴的に訴えるもので、そこに説明的な文章はそぐわないからです。

表紙は最後まで残るもの

ソフト・カバーとハード・カバー

函あるいはジャケットを外せば、いよいよ本体、表紙が現れます。図書館にしても個人にしても、函やジャケットを外すことはありますが、表紙は最後まで残る大事なもので、狭義の本はここから始まると言ってもおかしくありません。

教科書的に言えば、表紙はハード・カバー（「厚表紙」「本製本」「上製本」とも）とソフト・カバー（「薄表紙」「仮製本」「並製本」とも）に分かれます。

ハード・カバーと呼ばれる表紙には芯紙があり、「表紙貼り」と言って、その芯紙に書名や著者名などを刷った紙を貼るもので、表紙の強度は見えない芯の部分が受け持ち、視覚的な部分は外側の紙が受け持っているわけです。

また、ハード・カバーには、表紙と本文紙部分をつなぐ構造上の必要から、かならず見返しが伴います。先に述べた背固めのほとんどはホロウ・バックになっていて、背は丸くした「丸背」でも角張った「角背」でも可能。

一方のソフト・カバーと呼ばれる表紙は、芯紙はなく、表紙貼りをしていません。一枚の紙ですから、本体を支える強度はあっても、ハード・カバーに比べると薄い表紙になります。書名や著者名などはそこに直接刷る。見返しのあるものもあれば、ないものもあります。

ここで少し補えば、カバーとは本来は表紙のことで、編集者も読者も表紙を外側から包むジャケットをカバーと呼ぶことが多いのですが、カバーとジャケットは区別して使う方が混乱しないように思われます。

布表紙の風格

ハード・カバーは表紙貼りにする素材が多種多様ですが、現在ではほとんどの本において紙が使われています。費用が他の素材に比べて安く、種類が豊富で、安定供給が可能だからです。しかし、布か布クロスか革か、などと考えるのも装幀の妙味。現在では例外的なものになった表紙についてここでは少し書きとどめておきましょう。

もちろん紙でも十分に贅沢となりえます。すでに函ないしジャケットがあるので、表紙は一体に地味になりますが、それでも雲母《きら》引き（「きらがみ」とも）、つまり雲母《うんも》で模様を刷り出した紙を使えば、きらきらと光るので、豪華な感じを出すことができます。ただ、高価な素材なので簡単には使えません。なお、雲母引きは貼函の表紙貼りの用紙にもジャケットにも使えます。

布表紙。昔は文芸色の強い作品においては定番でした。布表紙は案外に素材が変化に富んでいます。絹のように華奢《きゃしゃ》で光沢のあるものもあれば、キャンバス地のようにざっくりとした感じのあるものもあり、手に触れる感触は他の表紙からは得られないものです。色も豊富で、場合によっては特別に染める（「特染め」と呼ぶ）こともできます。

布表紙が激減したのは、紙に比べて高くつくからですが、もう一つ、布表紙にふさわしい作品が少なくなったこともあるかもしれません。それはともかくとして、濃紺や焦げ茶の布表紙の背に金の箔押しで書名・著者名が示されているものなど、当り前の手法ではあるけれど、なかなかに風格のあるものです。

もう一つは布クロス。これまた独自のテクスチャーを持っています。すでに触れたように、クロスとは紙や布にコーティングしたものを指し、本来は材質の補強が目的でした。贅沢ということになれば、この布クロス。革とも布とも違った手触りがあり、耐久性にも富んでいます。

個人的に好きだったのはバクラム。と言ってもおわかりにならないかもしれませんが、『広辞苑』の表紙と言えば、たいていの方は「あれか」と思われるはずです。色はかぎられますが、コーティングのためにやや光沢を感じさせる色調の深みは他のいかなる表紙とも異なるもので、格調の高さを演出することができます。

革装には天金

革装も代表的な表紙です。人工皮革はともかくとして、本物の革は高価で、一般的な本にはまず使えません。私も限定版で使った程度ですが、その見栄えや手触りは別格のものでした。

ただし、日本にはほとんど伝統がないため、使い方がむずかしい。いったい牛の革と羊の革ではどこがどう違うのか、経年変化はどのように進むのか。あるいは、背にマウント（背の山、つまり帯状の小さな凸部分）を付けるとして、その際に注意すべきポイントは何か。編集者にもデザイナーにも製本所にもそうしたノウハウが蓄積されておらず、常に手探りとなるからです。

革装にふさわしいのが天金。すでに説明したように、本文紙の天の部分に金の箔を施したものです。今でも見かけるのは手帳くらいのものでしょうか。ある時、フランスのしかるべき技術者にわざわざ発注した革装天金の私家版《しかばん》を見たことがありますが、その金色の奥行きのある輝きはこれまで見たこともないもので、「なるほど、これが本物の天金か」と唸るばかりでした。

ついでながら、三方金、つまり天と地と小口に金の箔を施したものもあります。これはいささか成金趣味。虚仮威《こけおど》しで、見ているだけで疲れる。そもそも天金には天から埃が入るのを防ぐなど、実用としての側面があり、単なる装飾ではありません。

他に場所がないので、金という色に関してここで少しだけ触れておきましょう。文字通り色の王者で、赤であろうと黒であろうと、焦げ茶であろうと濃紺であろうと、はたまた紫であろうとオレンジであろうと、あらゆる色に組み合わせることができます。それでいて圧倒的な存在感は微動だにしない。これは銀であっても及びません。

一級の金屏風《びょうぶ》を見れば明らかなように、単に派手なのではなく、すごみのある地味とでも言うべき要素があります。若い頃にある著者の方から「金閣寺が地味に見えなければその本当のよさはわからない」と教わったことがありました。金を使う場合、いつもその言葉が浮かんだものです。

付け加えれば、金と言っても、実はかなりの種類があります。通称「赤金」などと言われる赤みがかったものからそうでないものまで多彩。金の箔を使う場合は、金箔の色見本を見て選ぶことになります。

最後はビニール表紙。芯紙を使っていないので、これをハード・カバーに含めるのは微妙なところですが、芯紙を使ったに等しい強度があり、見返しがかならずあり、ホロウ・バックになっているので、ハード・カバーとして問題はないでしょう。

通常の単行本ではごく稀にしか使われませんが、小型の辞書類ではおなじみです。何度も開く本の場合、紙の表紙では手の湿気が表紙を劣化させてしまう。その点、耐久性においてビニールに勝る表紙はありません。ビニールと言うと安っぽく感じられるかもしれませんが、実は紙より高価。

ビニール表紙で注意すべきは、小口の天地の角を丸くすること。九〇度にしてしまうと角が尖《とが》ってしまい、手を傷めかねないからです。この場合、本文紙も表紙に合わせて角を丸くするのが基本。お手元の辞書類でたしかめられたし。

内容に即すこと

ハード・カバーの話が長くなってしまいました。ソフト・カバーで少し補足しておきたいのはその種類。大別すると、天と地と小口が表紙ごと断ち切られている「三方断ち表紙」、天を残して二方が断ち切られている「二方断ち、天アンカット表紙」、表紙の小口が見返しの側まで折り曲がっている「小口折表紙《こぐちおり》」（三方断ちも二方断ちもあり）となります。すでに触れたように、二方断ち天アンカットはスピンを入れるためです。

さらには表紙の天と地と小口の三方が見返しを包むように折り曲がっている「フランス装」。手作業による本格的なフランス装、機械製本が可能なフランス装、うんと簡略化した仮フランス装があります。これ以上の説明はあまりに煩瑣《はんさ》になるために省きますが、本格的なフランス装は実に贅沢なものです。

ソフト・カバーは並製本などとも言われるため、ハード・カバーより格下と思われるかもしれませんが、その軽快感は捨てがたく、私はよく用いてきました。ただし、三方断ちの表紙にジャケットでは少々さびしくなる。また、天をカットしたらスピンは付けられない。そこで、天アンカットの小口折表紙にしてジャケットを付ければ、スピンも入り、軽快でいてそれなりの雰囲気も出せます。いずれにしても、本の内容に即すことが肝要で、先にソフトやハードの表紙があるわけではありません。

見返しには工夫の余地がある

ハード・カバーの表紙を開くと、まず現れるのが見返し（表《おもて》見返し）です。最後の奥付ないし奥付広告のあとにもう一度現れます（裏《うら》見返し）。

繰り返しますが、表紙と本文紙部分をつなぐ物理的な役割が本来で、装幀の流れを勘案した上で選んだ色紙を使用します。印刷のないものが大半ですが、その色紙と同系統のより濃い色、あるいはより薄い色で絵柄などを刷ることも可能。また、関連地図や関連写真を入れるなど、実用としても活用することができます。いずれにも一色余分に使うことになるので定価には響きますが、工夫の余地のある場所です。

ある本を真っ黒に仕立てたいと思ったことがありました。ジャケットも表紙も本扉も真っ黒。となれば、見返しも真っ黒にしたいところですが、そうしてしまうとどこか単調になりかねません。そこで見返しにはちょっとした工夫をしました。グレーの紙に墨を塗りつけ、ほとんど真っ黒に見せながら、左端の天の部分には少しグレーを残し、次第に黒くなっていくようにしたのです。左上から光が差し込むような感じと言えばわかりやすいでしょうか。

実用としての見返しの代表は地図。仮にその作品が十八世紀末のパリを題材としたものなら、当時のパリの地図を薄茶色の紙に焦げ茶色で刷るなどすれば、雰囲気づくりにもなります。本文と関連する写真なども同様。ただし、実用一点張りで、味も素っ気もない地図や写真では雰囲気つぶし。あくまでお洒落に処理すること。

なお、見返しでうんと贅沢をしたければ、マーブル紙に尽きるでしょう。革装天金でマーブル紙の見返しともなれば、贅沢そのもの。絵の具を油に流し込んで得られる独特の文様をした紙で、印刷ではその味はまったく出ません。自由奔放なフランス・マーブルと格調を感じさせるイギリス・マーブルの二系統がありますが、高価なために限定版くらいでしか使えないのが残念です。

最後に花ぎれとスピンを決める

見返しのあとに来るのが本扉。本文紙とは別の紙を使うのが単行本なら一般的で、そこに濃い一色で書名や著者名や出版社名を刷る。二色もあります。正直、機能的にはあってもなくてもいいもので、実際、本書のように、本扉と中扉を兼ねた本文紙から始まる本も少なくありません。しかし、正月にお雑煮のないようなものとでも言うべきか、ハード・カバーともなればどこかさびしい。本扉は言わば玄関、それなりの構えがほしいところです。いずれにしてもここは渋く決めること。

なお、本扉の前に何も刷られていない紙をはさむこともあります。限定版などにはよく見られるもので、「遊び紙」と呼び、半透明の上質な和紙などにすると、本扉の文字が薄《うっす》らと透けて見え、なかなかに味わい深いものです。

話を戻せば、装幀に関してはまだちょっとした作業が残っています。「花ぎれ」とスピンの決定。いずれも見本のなかから選ぶのですが、背広をはおって最後に胸にポケット・チーフを差し込むようなもので、これは楽しい作業です。スピンについてはすでに触れているので、ここでは花ぎれについて説明しましょう。

花ぎれとは昔の和綴じ本に由来する言葉で、「花布」とも「端布」とも書きます。英語では「ヘッド・バンド」。本文紙の背と表紙の裏のあいだに挟み込む布のことで、天と地に付いています。ハード・カバー特有のもので、本来は和書でも洋書でも補強の役割を持っていましたが、現在では飾り。一色もあれば、縞模様もあります。

花ぎれとスピンの選択は全体の色調の流れで決まるもので、同系統の色にするのも、あえて違う色をぶつけるのも面白い。いずれにしても、次のオビを別にすれば、これで装幀の作業は終了します。

オビは最終作業

オビもまたブック・デザインの一つです。読者に関心を持ってもらうのが目的ですから、その本が売れれば役割は終了。外してしまう人の方が多いでしょう。早い話、本に巻きついている宣伝物ということになりますが、ジャケットや函と一体になっているものなので、ブック・デザインの一環となります。オビなしの本がほとんどないのは、古本に見えたり、オビが外れた欠陥商品と思われたりしかねないからです。

場所から言って、当然ながら、オビはジャケットや函のデザイン、つまり書名や著者名の位置や大きさ、全体の色調などと関連します。函やジャケットのデザインが終了してからの作業になりますが、キャッチ・コピーは早くから考えておくものです。

コピーの要諦は本を説明することではなく、読者をキャッチすることです。書店で読者にいかにして手に取ってもらうかが勝負。簡潔に決めたい。出版社名や定価を別とすれば、たったの一文字すらありえます。例えば、「死」とか「命」とか、一度はやってみたいと思っていましたが、実現することなく終わりました。

いざ書くとなると、つい説明に流れてしまったり、タイトルをただ言い換えただけのものになったりしかねません。ともかくキャッチ・コピーには苦労するもので、上下巻の二冊本ともなると、下巻で途方に暮れてしまうこともあります。

装幀の一部か否か

オビの色は一色か二色。カラー写真などを入れる場合は四色もありますが、費用がかかることもあって、例外になります。

ここで問題なのは、ジャケットないし函との調和です。装幀家がオビも手掛ければ見た目がよくなるのは事実。しかし、正直、なぜか迫力が出ない。きれいすぎてしまうからでしょう。色のトーンはデザイナーと相談するにしても、若干の違和感がある方がオビとしてはいいのではないか。

先に紹介した和田誠の『装丁物語』における次の言葉は、編集者からすると実に納得がいくものです。「装丁の一部と考えて装丁にあまりなじむデザインをすると、書店でオビ本来の目的を果たせなくなるんじゃないか、と考えてしまうんですね。別の人がデザインしたものがカヴァーにくっついて、そのために強い効果が出る、ということがあるんじゃないか、ミスマッチの面白さが出るんじゃないか」。

先に触れたように、オビは文案だけでなく、昔はデザインも編集者がやっていました。B4の紙に実寸大の寸法で割付けをし、写植に出していたものです。字間を調節する切り貼りなども当然のこととしてやっていました。デザインのプロに比べればずっと下手なものですが、編集者が思いを込めたものなので、時として迫力が出る。昨今は文字データをデザイナーに渡して作ってもらうだけで、楽にはなりましたが、自分でデザインをしていないと、デザイナーに対する指示力はなかなか身に付けられません。

ここまで、いわゆる装幀について述べてきましたが、装幀には見える部分だけではなく、見えない部分もあり、単に外観だけを仕上げる作業ではないことが多少おわかりいただけたのではないでしょうか。

V　思い出の本から

丸谷才一『新々百人一首』

（1999年6月、195頁参照）

昭和は文学全集の時代であった

日本の近代出版史から見れば

ここまでは触れることができませんでしたが、最後に記しておきたい話が二つほど残っています。

一つは文学全集について。文学全集は大手の出版社にとっては経済的な基盤であると同時に、文化の面においても、技術の面においても大きな意味を持っていたからです。もう一つは自分が手掛けた本について。これまで述べてきた本作りというテーマをもう少し補足できるのではないかと考えるからです。

平成ないし二十一世紀に入って、論じるに足るものはあっても、新聞に派手な広告を打つような文学全集は見かけなくなりました。しかし、日本の近代出版史から見れば、昭和という時代は文学全集の時代とすら言えます。少し書き加えれば、文学全集の大半は小説全集ですから、昭和は小説の時代だったとも言えるでしょう。

昭和初期に二つの文学全集、すなわち改造社の「現代日本文学全集」と新潮社の「世界文学全集」が爆発的な売れ行きを示しました。ここで詳しく論じる紙幅はありませんが、その果たした歴史的な役割は注目に足ります。『新潮社一〇〇年図書総目録』（一九九六年、新潮社）などを参考に要約すれば、次のようになるでしょうか。

第一に、出版社のみならず、印刷所や製本所、取次や書店、そして著者を含む出版界全体の経済的な基盤を作ったこと。第二に、印刷や製本といった技術面が一新され、紙の大量調達や本の大量輸送が可能になったこと。第三に、出版と新聞広告とのあいだに密接な関係が生まれたこと。第四に、文学の大衆化が始まったこと。全国の家庭に小説が広く普及するのはここからのことなのです。

以降、六十年以上にもわたって、名前の通った出版社の多くはこぞって大掛かりな文学全集を手掛けてきました。今日では信じられないような数字ですが、累計で一千万部を超える文学全集もあるほどです。

編集者の時代時代の苦心が伝わる

正確に言えば、全集とはアンソロジーのことで、個人全集は別にして、小説を中心とした日本文学全集や世界文学全集だけではなく、古典、あるいは詩や戯曲などに特化した文学全集もあれば、東西の歴史、哲学、思想などの全集もあります。「傑作選」「名作選」「選集」「大系」「集成」などといった類似の言葉はいくつもあるにしても、やはり「全集」が落ち着く。実質的にはアンソロジーですから「全」はありえませんが、「大系」より堅苦しくなく、網羅性を感じさせるからでしょう。

何と言っても花形は部数を誇った日本文学全集と世界文学全集です。かつての本を開けば、その時代その時代の出版社の苦心や工夫のほどが伝わってきます。先の二つの全集など、見るたびに感心してきました。ただし、これは記しておかなければならないことですが、文学全集とは文学の大規模商品化でもあって、商業主義だけのかなり安直なものも少なくありません。

どれも似たようなものと思われがちですが、収録作家や収録作品が異なるなど、実は全集ごとに特色があります。各出版社が従来にはないものをと工夫するからだけではなく、そこには時代の好みも反映するし、出版社の個性も如実に出るし、しかも出版権が複雑に絡《から》み合うからです。

ここでは私が体験した文学全集を通し、編集現場の話をいくつか記しておきましょう。私は「新潮日本文学」全六十四巻（一九六八〜一九七三年）と「新潮現代文学」全八十巻（一九七八〜一九八一年）に携わりました。文学全集の時代の空気を知る編集者の最後の世代ということになるかもしれません。

巻立ても配本順もむずかしい

編集者としては、実際に手掛けてみないとなかなかわかりにくいのですが、通常の単行本では得られない編集の妙味が随所にあります。

まず、鷗外・漱石から現代の有力作家までといった具合に時代の区切りを決め、全何巻とし、そこに作家や作品をどう割り振るかが最初の仕事です。この基礎設計を「巻立て」と呼び、編集委員を立てる場合でも、骨格は編集部で決めます。

言わばこれは「人事」ですから、あれこれと波風が立ちやすい。一巻に複数の作家を収める場合、「あの作家とは一緒になりたくない」などと言われないために文壇の人間関係も慎重に配慮しなければなりません。その問題を回避するため、私の経験した文学全集はどちらも一人一巻でした。なお、企画の発表後、収録されなかった作家から抗議が来ることもあります。これも人事ゆえのことです。

配本順、すなわち発売の順番もむずかしい。配本順とは売れそうな順、要するに作家の人気の順番で決まります。どんな全集でも部数は次第に落ちていくので、当然ながら印税に関わり、まず表立っては言わないものの、作家にとっては早い配本が望ましいわけです。

これはその場に立ち会った編集者から聞いた話ですが、さるしたたかな老大家は収録を認めるにあたって、配本は十番以内という条件を切り出したとか。しかし、それは出版社からすればむずかしい。交渉にあたった担当役員もまたしたたかで、老大家に失礼にならないように配慮しつつ、最後まで言質《げんち》を与えなかったそうです。

年表は地味な仕事だけれど

巻立てと並行して、統一された造本や本文組を決めていきます。なかでも本文組、特に見出しは難題。作品によって体裁は異なるわけですが、そこに全集としての統一性を持たせなければならないからです。個性の強いそれぞれの体裁をいかにして一定の枠内に収めるか。経験を積んだ編集者でなければその原則はなかなか決められません。

解説をどなたにお願いするか、年譜をどうするかなども大事な作業です。「新潮日本文学」では年譜を任されましたが、これは私の力量が評価されたのではなく、面倒な仕事を若輩が押し付けられただけの話です。

既成のしかるべき年譜を全集用にアレンジし、最新の情報を少し追加するだけの作業とはいえ、原稿用紙にコツコツと書き込んでいく（ワープロ以前の時代）のは何とも辛気《しんき》臭い仕事でした。川端康成の巻では、いつまで経っても戦後にならず、原稿用紙を前に呆然としたことをよく覚えています。

しかし、今思えば、いい経験になりました。地味な作業も丁寧に行えば、それなりの甲斐はあるということです。太宰治の巻では、何人かの関係者に問い合わせ、それまでの曖昧と思えた箇所を訂正することができました。石原慎太郎の巻では、刊行された著書を調べているうちに、高校時代に尊敬していた美術の先生に装幀を依頼した本があることを発見し、そのことを書き加えることができました。

口絵写真は貴重な記録

文学全集でのおなじみは口絵写真。物故作家の場合は過去の写真から選ぶほかありませんが、現存作家であれば新たに撮影したい。作家の書斎やスタジオでの撮影は定番で、それはそれで味は出せますが、せっかくの機会なので、あれこれ工夫をしてみたいところです。

撮影場所の決定、作家とのスケジュール調整、カメラマンとの打ち合わせ、車の手配などあれこれあり、時には丸一日かけた仕事にもなります。案外に面倒なのですが、結果が「絵」になるのは活字編集者にとっては楽しい仕事でした。

ついでながら、野外撮影の場合は雨の対策も重要。いざという時のために屋内も考慮に入れておくのはもちろんですが、傘もまたなかなかの図柄になるものです。

「新潮現代文学」では、石川淳先生に十代の女性でにぎわう原宿の竹下通りを無理やり歩いてもらったり、安部公房さんをまだ埋め立てられているだけだった大井埠頭や初期の新宿高層ビル街に連れ出したり、丸谷才一さんに老舗の蕎麦屋で一杯飲んでもらったり、大江健三郎さんに遊園地まで足を運んでもらったりしました。

こうした撮影の結果は、出版社の財産として残るだけではなく、文学史におけるヴィジュアルな記録としても貴重なものとなります。

なお、これまで著者名の敬称は略してきましたが、このあたりからはどうしても思い出がからむので、私の実際に即して、「先生」あるいは「さん」でいくことにします。

若手編集者にとっては訓練の場

付録の月報も文学全集ではおなじみのもので、これも勉強になりました。執筆者の人選には工夫を要するし、原稿の依頼と受け取りもあるし、さらにはその原稿を一定のスペースのなかに収め、写真をうまく配置しなければならないからです。

編集者からすると、文学全集は大きな宣伝や営業活動に参加できる数少ないチャンスでもありました。例えば、カタログ。大がかりな企画でなければまず作る機会はないので、大いに張り切ったものです。

営業活動はいつもなら営業部まかせの仕事ですが、大きな企画なので、刊行前に編集者が営業のスタッフと全国の主要書店に挨拶回りをすることもあります。書店の朝礼に参加したり、夜に店長と一杯やったりして、地方書店の方々と直接に触れ合えたのはいい経験になりました。

出版社にとって、文学全集が収益の強力なアイテムであったのはたしかです。ただ、いささか高尚に表現すれば新たな文学史の提唱であり、実利的に見れば収録作家との結びつきを強固なものにする機会でもあり、さらには同時に若手編集者のための訓練の場でもあったのです。

十二冊プラス幻の一冊

懐かしさではなく

最後の最後に、私が新潮社で関わった十二冊の本を通して、これまでに触れてきたこと、あるいは触れられなかったことを含めて、書籍の編集について補足していきましょう。なお、「幻の一冊」とは刊行を予定しながら実現できなかった本のことです。

いずれも個人的に思い出の深い本ですが、懐かしさから取り上げるわけではありません。懐かしい本ということなら、これ以外に何冊もあります。作家の思い出話となれば際限ありませんが、いずれも避けたい。あくまで、書籍の編集という点において、多少なりとも記しておく意味があるのではないかと考えた本を選びました。

そうではあっても、これまでのように原稿を受け取ってからの編集作業に話を絞ることは、内容からいってむずかしい。いや、それ以外の編集作業についても少しは触れるいい機会になるかもしれません。

それぞれの冒頭に記したデータのうちで、書体のサイズはポイントで統一したため、13級も9ポとしました。紙表紙以外の表紙についてはそれぞれに補記しています。価格表示は当時の表記に従いました。

吉田健一『ヨオロッパの世紀末』

一九七〇年十月刊。文芸評論。四六判、ハード・カバー、貼函入り。9ポ、42字×16行、251頁(奥付頁数、以下同)。装幀、槇誠五郎。定価七〇〇円。

入社一年目の一九六八年からお亡くなりになる一九七七年まで、晩年の約十年間、吉田健一先生を担当しました。この評論は後年の『吉田健一集成』全八巻別巻一(一九九三~一九九四年)を別として、手掛けた九冊の単行本のうちの一冊です。

吉田先生の代表作であるこの作品は雑誌「ユリイカ」に連載されたもので、発表時からきわめて評判が高く、学生時代からの愛読者として大いに気合いが入りました。

編集作業に関し、ここで記しておきたいのは、著者の表記に合わせ、歴史的仮名遣いで漢字も正字にしたことです。当時、文庫や文学全集などでは「新仮名・新字」が謳い文句になる時代でした。私より上の世代ではむしろそれが当然のこととされており、歴史的仮名遣いで雑誌に発表された原稿でも、単行本ではしばしば新仮名遣いに直されていたものです。また、新仮名遣いに同意しない著者も、その点は半ばあきらめていました。

しかし、仮名遣いは文学者の生命線。詩や短歌や俳句などの韻文《いんぶん》ではなくとも、その表記に従うべきではないか。何でも新仮名に直すようでは文芸出版社の名がすたる。そう力んだ当時の若い私は、著者からの要請はなかったものの、先輩上司に断りもなく著者の表記通りにしました。単身敵地に乗り込むようなもので、「文句があるなら言ってこい」くらいの覚悟はしていたのですが、誰も言ってこない。おそらく著者の要請があれば単行本では歴史的仮名遣いにしてきた社風があったからだと思われます。

その頃は「旧仮名では売れない」が出版界の常識、正確には強迫観念でしたが、売れないのは主に内容のせいであって、仮名遣いのせいではなかったはずです。戦後でもかつての仮名遣いによる日本文学全集が大いに売れた例もあります。個人的には、丸谷才一さんの丸谷式歴史的仮名遣いによる『日本語のために』（一九七四年）がベストセラーになったことは自信になりました。

正字か新字かの問題はしばらく措《お》くとして、私の場合、歴史的仮名遣いの原稿を新仮名に直した単行本は一冊もありません。

平野謙『平野謙全集』全十三巻

一九七四年十一月〜一九七五年十二月刊。個人全集。四六判、ハード・カバー（布表紙）、貼函入り。８ポ、26字×22行×2段、平均５００頁。装幀は社内（現在は「新潮社装幀室」と表示されている）。定価各三〇〇〇円。（書影14頁）

一九七二年頃、当時の出版部長から「平野さんの全集は出せないかね」と言われ、平野謙先生の担当者としては大いに喜びましたが、一方ではかなり驚きもしました。なぜなら、新潮社から出た単行本は私が担当した『平野謙作家論集』（一九七一年）一冊しかなく、先生と特に親しい出版社とは言えなかったからです。しかし、文庫の解説、文学全集の推薦文、文学賞の選考委員などといった仕事で長いことお世話になってきたのは事実。その恩に報いたいという思いが部長にはおそらくあったに違いありません。

個人全集というものは、長年にわたって書籍の編集者をやっていても、無縁の人もいるし、経験するとしてもほんの数回です。『平野謙全集』を最初として、以後、私は『河上徹太郎著作集』全七巻（一九八一～一九八二年）、前述の『吉田健一集成』、『辻邦生全集』全二十巻（二〇〇四～二〇〇六年）に担当者やデスクや関係者として携わりましたが、この最初の個人全集で多くの技術を学ぶことができました。資料収集、底本の決定、作品の配列、さらにはパンフレットや月報の作り方などいろいろとあるのですが、ここでは一点に絞りましょう。

個人全集の要諦は書誌にあるということです。書誌とは、大雑把に言って著作の考証で、改題、すなわち初出を含む作品の来歴の解明、さらには著作一覧や年譜の作成などの作業を含む総称です。

個人全集は各巻末に解題、最終巻に書誌として年譜や著作一覧などを載せるのが一般的で、その出来が全集の勝負どころ。ここを見れば全集の編集レベルがわかる。書誌がお粗末では、どんなに立派な装幀でも所詮《しょせん》は張子の虎でしょう。

先に校正とはきわめてプロフェッショナルな作業だと書きましたが、書誌も同様。編集者が簡単に手を出せるようなものではありません。書誌を担当してくれる専門家がいて、はじめて個人全集は成り立ちます。

平野先生の著書には執筆時期が記されているものはあるものの、初出紙誌は記されていません。その不可能とも言える調査をしてくれたのは書誌学者の青山毅《たけし》さんで、若くして亡くなられましたが、綿密な仕事ぶりにはただただ頭が下がるばかりでした。収録作品の調査だけでも大変なのに、「全集未収録著作一覧」の作成に至ってはどれほどの困難が伴ったことか。

全集完結後、最終巻の書誌部分を抜き出して、十部ほどであったか、青山毅編『平野謙書誌』を作りました。わずか74頁と薄い本のために機械函ではあったものの、函に入れ、表紙は全集と同じ布表紙、別紙の本扉を付け、ノンブルも打ち直して、平野先生と青山さんに献呈しました。書誌という作業に対し、編集者として精一杯の謝意を示したかったからにほかなりません。

児玉隆也『ガン病棟の九十九日』

一九七五年九月刊。闘病記。四六判、ハード・カバー、ジャケット装。9ポ、41字×17行、181頁。装幀、社内。定価七〇〇円。

一九七三年頃でしたが、編集部内でこれまでにないノンフィクションの書下ろしシリーズをやろうという機運が高まりました。私が担当したのはノンフィクション作家として登場して間もない児玉隆也さん。書下ろしには快諾をいただき、北海道積丹《しゃこたん》半島の鰊《にしん》御殿を舞台として日本の近代化に迫ろうという作品の取材がスタートしました。

しかし、それから二年後の一九七五年、児玉さんはわずか三十八歳という若さで急逝されてしまったのです。遺された綿密な取材ノートを見て、著者の無念を思わずにはいられませんでした。

わずか三年の活躍でしたが、執筆活動はめざましく、立花隆「田中角栄研究」とともに発表された「淋しき越山会の女王」(「文藝春秋」一九七四年十一月号)が時の田中角栄内閣の崩壊につながったことはよく知られているところです。

この『ガン病棟の九十九日』の表題作は「文藝春秋」一九七五年六月号に発表されたもので、その発売月の五月に児玉さんは亡くなられています。新潮社からの刊行は構想中の入院先で了解をいただいていたのですが、四百字詰め原稿用紙に換算して百枚程度の量しかなく、これではとても一冊の本にはなりません。

すでに発表された未刊行の作品と組み合わせれば問題は簡単に解決します。しかし、それでは単なる遺作集になってしまう。また、児玉さんのノンフィクション集の企画が別に進行していたこともあり、何とか闘病記で一冊にしたい。「文藝春秋」で奥様の手記が進んでいることは知っていたので、お亡くなりになる直前に書かれた短い闘病エッセイ数本とその手記を合わせればなんとかなるのではないかと考えました。

それらがすべて揃ったところで改めて検討してみると、もう少し量がほしいし、構成としてもやや物足りない。そこで浮かんだのは、児玉さんが入院から死の一週間前まで断続的に闘病の経緯を記していたノートと手帳。お通夜の数日後、遺された作品を確認するために児玉さんの書斎に入れていただき、執筆雑誌などに目を通していた時に存在を知ったものです。

ノートと手帳を何とか合体させて「闘病ノート」とし、ようやくにして刊行に至ったわけですが、その経緯と同時に、オビにはこれ以上はないというほど力を入れたことが思い出されます。三十数年を経た今にしてわかるのは、まことに拙《つたな》いものですが、これは私なりの渾身《こんしん》の弔辞でした。

芥川比呂志『肩の凝らないせりふ』

一九七七年三月刊。エッセイ集。四六判、ハード・カバー（布クロス表紙）、貼函入り。9ポ、43字×20行、327頁。装幀、社内。定価一二〇〇円。（書影34頁）

芥川比呂志さんにはじめてお目にかかったのは、私が新人編集者の一九六八年で、それからＰＲ誌「波」の編集者として何度か原稿をいただいているうちに書籍の担当者となりました。

今さら言うまでもなく、芥川さんは昭和を代表する名優、名演出家であり、同時に傑出したエッセイストでした。すでに新潮社から第一エッセイ集『決められた以外のせりふ』（一九七〇年）が刊行されており、これは第二エッセイ集となります。

エッセイ集というものは、連載エッセイは別として、編集者の努力と工夫で生まれるものです。元になる原稿は新聞や雑誌の切り抜き。著者のもとに整然と残されていれば楽ですが、まずそんなことはありません。編集者が折に触れて集めておかなければいけないし、さらには著者の記憶や『文藝年鑑』などを手掛りに探し出す必要もあります。これだけでも、正直、一苦労。

それを編集の第一段階とすれば、次には集めた原稿に目を通し、構成を考えなければならない。執筆順に並べるのは一見は丁寧な仕事に見えますが、それでは資料の羅列のようになりかねず、単行本としての立体感が出て来ません。この時は選んだ五十余のエッセイを五つのブロックに分け、自伝的な話をⅠ、舞台の裏話をⅡ、海外物をⅢ、その他のエッセイをⅣ、交友録をⅤという風に構成しました。

目の前に山とある切り抜きを内容に従っていくつかのブロックに分け、時に作品のタイトルを考え直したり、内容のダブりをチェックしたりするわけで、かなりの時間を要します。しかし、バラバラであった原稿が次第に本という形に向かって進むこの第二段階こそが編集の醍醐味で、その楽しみのためにエッセイ集を作りたくなるほどです。

装幀に関して少しだけ。函と本扉の挿画はフランスの古い演劇雑誌から見つけてきました。表紙は先述した布クロスの黒いバクラムで、書名と著者名とカットは白箔《しろはく》。三十数年を経た今から見ても、自慢をするつもりはさらさらありませんが、洒落た感じがします。装幀を一番に楽しんだ本となれば、筆頭になるかもしれません。

高田宏『言葉の海へ』

一九七八年七月刊。評伝。四六判、ハード・カバー、ジャケット装。9ポ、43字×20行、239頁。装幀、勝井三雄。定価九八〇円。

高度成長の時代、一流企業はこぞって企業PR誌を競っていました。そのなかでも抜きん出ていたのはエッソ・スタンダード石油の「エナジー」でしょう。編集センスと知的レベルは圧巻でした。その編集長が高田宏さん。「波」で書評や連載コラムをお願いしていて、ぜひとも書下ろしをお願いしたくなりました。

高田さんからいくつかのプランが示され、私が「これだ!」と思ったのは大槻文彦の評伝。日本で最初の本格的国語辞書『言海』の著者の評伝に飛びついたのは、それなりの理由があります。関心のある分野でもありましたが、もし作品がすぐれていれば、日本語関連の本はヒットすると考えていたからです。

この仕事で学んだことは少なくありません。伝記の取材に当たってはまず墓参りに行くというのも一つ。真夏のある日、大槻一族の墓地である東京港区高輪の東禅寺に高田さんと出掛けたのは、言わば仁義を切るためでしたが、文彦の手になる妻の墓誌を発見し、原稿で効果的に活かされることになりました。

おそらくは物語性を保つためでしょう、小見出しを章の最初にある見出しの脇にすべて小さく列記し、それに当たる部分は単に「1、2、3……」と数字を振るだけにするという工夫には「なるほど」と唸りました。たしかに、小見出しが頻出すると物語としてのうねりが中断されかねない。とは言え評伝なので、ある程度は読者を導く方法が必要。この矛盾を鮮やかに解決する手法でした。

もう一つ学んだのは、参考文献の書き方です。通常の参考文献一覧は雑然と列挙されているか、あるいは刊行順ないし著者名のアイウエオ順に並んでいるものがほとんどでしょう。それでも別にかまわないのですが、時に飾りに近いものにもなりかねない。高田さんは通常の一覧を排し、「洋学史にかかわる文献」とか「仙台と戊辰戦争をめぐる文献」といった具合に分けて記したのです。読者に対する親切な配慮で、以後この方法は何度か応用させてもらいました。

山本益博・見田盛夫『東京フランス料理店ガイド　グルマン1984』

一九八三年十二月刊。料理店ガイド。四六変型判、ソフト・カバー（小口折表紙）、ジャケット装。8ポ横組、26字×31行、175頁。装幀、麴谷《こうじたに》宏。定価八五〇円。

食に通じた文学者の方々からの影響に加え、個人的にも関心があり、若い頃から飲食の本を手掛けてみたいものだと考えていました。何冊か手掛けてみて、その手応えを感じ始めていた頃のことです。料理評論家の山本益博さんからフランス料理店ガイドの提案がありました。

フランス料理と言えばホテルの時代が長らく続いていましたが、街場のレストランから次々とスター・シェフが登場し始めていた時期で、チャンスに打席が回ってきたとでも言えるでしょうか。ただ、山本さんの提案に乗ったのは、個人的な関心もさることながら、一度は本格的なガイド・ブックに挑戦したいと考えていたからです。

食のガイド・ブックには、技術的な点において、通常の本とはかなり違った面があります。第一に固有名詞と数字が頻出すること。店名や料理人の名前、住所や電話番号、営業時間や価格を間違えてはお話になりません。第二に使いやすい索引と地図を附すこと。第三に、店の評価を星印にするなど、できるかぎり記号化し、すっきりとさせること。第四に携帯を前提とした軽快な本にすること。ガイドは読むものではなく、使うのが基本ですから、そうした読者の便に徹しなければならないわけです。

まず悩んだのは判型。どうも新書判では小さすぎ、四六判では大きすぎてしまう。最終的には四六判の左右を15ミリほど縮め、やや縦長の本にしました。スピンを入れるために二方断ち天アンカット。機能性が必要とされる本ではあっても、小口折表紙にして少々の味わいを付けました。

本文には欧文書体や算用数字が頻出するので、横組。はじめての横組でしたが、それ自体はあまりむずかしいとは感じませんでした。ただ、店名および住所や値段などの基礎データの処理はあれこれと考えたものです。特に見出しとなる店名。カタカナがほとんどです。すでに説明したように、カタカナの横組は字間が空きやすい。写植で別進行したのですが、斜体を軽くかけてヤヤツメ（字間をやや詰めること）で打ってもらい、さらに一つひとつ微調整しました。

もっとも苦労したのは、索引。店名の単なるアイウエオ順では芸がない。店の総合評価、良質昼定食、日曜や祝日の営業、深夜営業の有無などをすべて記号化し、索引からでも目的に合う店がすぐに探し出せるようにしました。割付けにはひどく時間がかかりましたが、印刷所もまた苦労したはずです。

その他、地図を二色刷りにするなど、あれこれと工夫しましたが、それはともかく、ガイドとは実に手間のかかるものです。１９８６年版まで刊行したものの、私が書籍の編集部から離れたため、版元が変更になりました。

安部公房『カンガルー・ノート』

一九九一年十一月刊。長編小説。四六判、ハード・カバー（布表紙）、ジャケット装。

9ポ、42字×18行、203頁。装幀、社内。定価一五〇〇円（本体一四五六円）。（書影92頁）

一九九三年に亡くなられた安部公房さんにとっては生前最後の小説の単行本ということになります。長編小説と記しましたが、正しくは中編小説とすべきかもしれません。私はこの小説の連載（「新潮」一九九一年一〜七月号）を担当し、単行本化にあたっては書籍のデスクを務めています。

安部さんにお目にかかったもっとも古い記憶は一九七〇年十二月。その前月、「波」の巻頭を飾ってくれていた三島由紀夫さんの自決があり、急ぎ後継のお願いをすべくお目にかかったのです。以後、お亡くなりになるまで、安部さんとは「波」と「新潮」の雑誌担当として、その後は書籍担当ないしデスクとして仕事をしてきました。

この本で記すべきは、装幀ではじめてマッキントッシュ、つまりコンピュータを使ったことです。安部さんからは一つだけ注文がありました。ご自身が撮影した写真を使ってほしいというものです。見れば何やら恐竜の頭蓋骨じみている。スッポンだったか、何かの小動物の頭蓋骨の接写であったのはたしかで、いかにもこの著者らしい遊び心のある写真でした。
安部さんは何台ものカメラを所有するだけでなく、シンセサイザーにも取り組み、いち早くワードプロセッサーに切り替えたほどの機械好きですから、マックによる装幀と聞くと、その作業を見るためにわざわざ来社されました。ジャケットの中央にある頭蓋骨の目が赤くなっているのは、その折の安部さんの提言によるものです。
マックの画面であっと言う間に目が赤くなった時は、今では当り前のことでも、すべてが印刷所まかせだった当時、ただ驚嘆するばかりでした。

谷沢永一『回想 開高健』
一九九二年二月刊。回想記。四六判、ハード・カバー、ジャケット装。9ポ、43字×18行、207頁。装画（写真）、荒木経惟《のぶよし》、装幀、社内。定価一二〇〇円（本体一一六五円）。

こう書くのはかなりはばかられるのですが、しかるべき作家が亡くなった時、担当編集者は不思議なほど張り切るものです。葬儀の手伝いに駆けつけるのは当然ですが、仕事はそれだけではありません。未発表の作品は遺されていないか。追悼文はどなたにお願いするか。著作権継承者はどなたになるのか。あれこれ考えたり確認したりしなければならないわけです。

開高健さんが亡くなったのは一九八九年十二月。当時は「新潮」の編集部にいましたから、担当者ではなかったものの、すぐ追悼特集の対談を考えました。候補のお一人は生涯の友人である谷沢永一さんで、これはもう絶対。もうお一人は作品を高く評価していた劇作家にして評論家の山崎正和さん。

対談は数かぎりなくやってきましたが、これほどに実現してよかったと思う対談は他にありません。内容がしっかりとあり、追悼にもかかわらずユーモアも十分にある対談でした。ユーモアがお二人の深い悲しみの裏返しの表現であることはもちろんです。これこそ大人の、あるいはプロの文学者の対応というものでしょう。

開高さんと谷沢さんの関係を知れば知るほど、谷沢さんにその思い出を書いていただきたくなりました。それが「新潮」一九九一年十二月号の一挙掲載で実現し、単行本化にあたってデスクを務めたのが『回想 開高健』です。

編集の技術面で書き添えるとしたら、若き日のお二人が並んで写っている写真の扱い方でしょう。この時、開高さん十九歳、谷沢さん二十一歳。お二人の関係を雄弁に物語るもので、問題はセピア色をしたその写真をどこで活用するかでした。

ジャケットの表で大きく扱う手もあります。裏に使ってもいい。本扉も十分に考えられる。ただし、ジャケットの表は避けたい。なぜなら、このように文学性の強い作品と説明的な要素のある写真とはまずマッチしないからです。最終的にはジャケットの裏で使うことにしました。

ここで「装画には写真を使っているではないか」と疑問に思われる方があるかもしれません。たしかに写真が元になっている作品ですが、彩色を大胆にほどこしたもので、ほとんど絵画と言えるものだったからです。

辻邦生『西行花伝』

一九九五年四月刊。長編小説。菊判、ハード・カバー、貼函入り。9・25ポ、50字×21行、527頁。装幀、柄澤齊。定価三五〇〇円（本体三三九八円）。（書影132頁）

辻邦生さんはずいぶんと早い時期から日本を舞台とした二つの長編歴史小説を構想されていたようです。一つは近世初期の本阿弥光悦・俵屋宗達・角倉素庵の三人のモノローグで構成された嵯峨本（Ⅲ「グーテンベルクに感謝」参照）の誕生を描く小説で、これはすでに『嵯峨野明月記』（一九七一年、新潮社）として実現されていました。もう一つは平安末期から鎌倉初期にかけての歌人西行を主人公としたものです。

辻さんには若い頃からあれこれと原稿や対談をお願いしてきましたが、担当者となったのは「新潮」編集部に移った一九八〇年代半ばからです。西行の連載はすでに決まっていましたが、実現には何年もかかり、「西行花伝」のタイトルでスタートするのは一九九一年一月号からでした（完結は一九九三年六月号）。

この本ではデスクを務めたのですが、まず考えたのは、四百字詰め原稿用紙で千枚を超える分量もさることながら、辻さんの代表作にふさわしい堂々たる本にすることでした。9・5ポ組、菊判、貼函入り。これはすぐに浮かんだのですが、そこまで字を大きくするとどうしても頁が増えてしまう。しかし、菊判にするなら9ポにはしたくない。結局、あいだを取る形で9・25ポとしました。

できれば貼函にしたいが、これは本体価格にかなり響きます。三〇〇〇円を超える可能性が高い。ジャケット装にすれば三〇〇〇円を切るかもしれない。試算したところ、どちらも大台を超えてしまうことがわかり、「なら同じ」といささかラフに判断し、最後は念願の貼函となったわけです。こうなるとますます贅沢をしたくなり、布表紙にはできませんでしたが、貼函の表紙貼りは先述の雲母《きら》引きにしました。

この問題の解決に時間がかかってしまったため、別の問題が派生しました。函入りか否かが決まらなければ、装幀をお願いしていた柄澤齊さんに函ないしジャケットを飾る装画を描いていただけない。なぜなら、函とジャケットでは左右が逆になってしまうからです。ところが、ありがたいことに柄澤さんはどちらでも可能な作品を先に用意してくれました。まるで手品を見るようで、これには驚きつつ感謝したものです。

装画が決まり、貼函入りが決まり、最後に悩んだのがタイトルのロゴ。もちろん既成の書体から選んでもいいし、書家に依頼するのも一つの手です。しかし、既成の書体ではどうも物足りないし、書家の字は下手をするとそれだけが浮きかねない。そこで採った方法は、漢字のみのタイトルなので、古い漢籍から文字を拾い出すことでした。

鋭敏な読者なら、「西」「行」「花」はあっても、「伝」はないだろうと思われるに違いありません。たしかに昔は「傳」。そこで人偏をまず拾い、次に「云」を探し出し、両者を組み合わせてバランスを整えたのでした。

佐江衆一『黄落』

一九九五年五月刊。長編小説。四六判、ハード・カバー、ジャケット装。9ポ、43字×20行、285頁。装画、藤井勉《つとむ》、装幀、新潮社装幀室。定価一五〇〇円（本体一四五六円）。

最初に断っておけば、佐江衆一さんに老人介護というテーマで小説を依頼はしたものの、「新潮」で一挙掲載が実現した時（一九九五年四月号）は編集部を離れていたので、原稿を受け取っているわけではありません。単行本化の時点ではデスクでしたが、ほとんど担当者まかせでした。およそ実務らしい実務は何もしていない一冊です。にもかかわらず、なぜここで取り上げるのか。原稿依頼ということに関し、記しておくだけの意味があるのではないかと考えるからです。なお、「黄落《こうらく》」は著者の造語。

佐江さんは一九七〇年あたりから存じ上げていますが、仕事でお付き合いさせていただくのは「新潮」編集部に移ってからのこととなります。一九九一年十一月、一遍上人を主人公にした歴史小説の構想が佐江さんにあり、取材を兼ねて、二人で藤沢の遊行寺《ゆぎょうじ》で行われた行事に参加しました。

夕方、藤沢駅に戻る途中、通りがかりのありふれた中華料理店に寄り、あれこれとお喋りをした時のことです。一週間ほど前にご母堂の葬儀があり、佐江さんがご両親の介護にずいぶんと苦労されてきたことをはじめて知りました。

編集者は、頭がと言うより、体が時に瞬間的に反応することがあります。この場面がまさにそうでした。それをぜひ長編小説にしてほしいとお願いしたのです。しかも、乱暴な話ですが、一遍上人の小説より先に。佐江さんもおそらくは体が瞬間的に反応したのでしょう、その場で快諾していただけました。

俊敏な編集者だなどと自慢しているわけではありません。当時、実は私も母の介護で苦労していました。この一瞬の依頼と快諾は、老人介護が二人にとってはきわめて切実な問題であったからです。

刊行後、舞台化やＴＶ化もされ、かなりの反響がありました。ちなみに、一遍上人の小説もその後に完成しています（『わが屍《かばね》は野に捨てよ　一遍遊行』二〇〇二年、新潮社）。最後にほんの少し教訓めいたことを書き添えれば、こういう時にためらいは許されない。「会議で検討して」とか「編集長に相談して」などと言っているようでは編集者として甘い。大魚を釣り落とすことにもなりかねません。

丸谷才一『新々百人一首』

一九九九年六月刊。文芸評論。菊判、ハード・カバー、ジャケット装。９・５ポ、36字×20行、６７１頁。装幀、和田誠。本体三六〇〇円（税別）。（書影１６２頁）

丸谷才一さんは入社早々の時から退社するまで四十年近く担当し、思い出の本と言えば書下ろし長編小説『裏声で歌へ君が代』（一九八二年）が筆頭に来ますが、ここではあえて『新々百人一首』にしました。なぜなら、執筆開始から刊行までにもっとも長い歳月を要した本であり、乏しいなりにも持てるかぎりの技術をこれほどに総動員した本はないからです。

書名に「新々」とあるのは、藤原定家撰の「小倉百人一首」、足利義尚《よしひさ》撰の「新百人一首」に続くという意味です。先行する二つの百人一首との和歌の重複は避けつつ、王朝名歌百首を選んで論じたもので、言わば定家の向こうを張り、しかも全体としては王朝文学史にしようという途方もない試みでした。

執筆のスタートは一九七五年で、基本部分の原稿がほぼ完成するまでに十七年ほどかかっています。まず苦労したのは掲載誌の切り抜きの確保。それが入った分厚い紙袋を編集部の部屋が変わるたびに大事に抱えて移動したものです。

一応の完成から刊行までにさらにまた長い時間がかかっているのは理由があります。書下ろしの一編を加えて百首としたこと、配列を勅撰和歌集、特に『古今和歌集』の部《ぶ》立《だ》てに倣《なら》ったこともさることながら、詳細綿密な脚注を加えたからです。丸谷さんの書かれたかなりの量の生原稿の注をワープロで打ち直し、点検してもらう。そんな作業を繰り返し、ようやくにして文字入力を済ませました。大きな菊判にもかかわらず、本文が36字と少ないのはこの脚注を入れたためです。

千首に近い引用和歌の処理も難題でした。連続して和歌の引用が並ぶことが多く、そのまま組めば長短が生じます。それはいいとして、和歌の前にある作者名は和歌の末尾から2字上がりなので、並ぶと凸凹《でこぼこ》してしまい、どうも美しくない。和歌は字数がもっとも多いもので三十一字。字余りはあっても、漢字が含まれるのでまずその範囲に収まる。そこで、すべての引用和歌を三十一字組にし、空いた字間は等分割りとしました。こうすれば和歌の天地も作者名もきれいにそろい、すっきりとする。

それにしてもすこぶる複雑な構成の本でした。本文の前後に内容順目次と時代順目次という二つの目次を置くだけでも経験したことのない構成ですが、付録部分がまた半端ではありません。「小倉百人一首一覧」「新百人一首一覧」「勅撰和歌集一覧」「テクスト、表記、人名について」「主要参考文献書目」「初出一覧」「和歌索引」。これだけで約六十頁。その一つひとつの体裁は過去の経験を活かしつつ新たな工夫をする以外にないわけで、こうなればもう「矢でも鉄砲でも飛んで来い」という心境になったものです。

忘れられないことがあります。「新百人一首」は「続群書類従《ぞくぐんしょるいじゅう》」に収められており、それをワープロで写したのですが、何と八十九首しかなかったのです。百首がきちんと載っている学術書に当たり直したのですが、これには本当に驚きました。

造本の面で書き加えておきたいのは、通常は一本のスピンをあえて二本にしたことです。大きな辞書に例はあるものの、まずは見かけない。著者は冒頭で「気の向くままに拾ひ読みしていただきたい」と記しています。とすれば、読者の便を考え、読み止《さ》しのところにはさむ一本だけではなく、ちょっと気になった和歌のところにはさむもう一本も必要だろうと考えた結果です。

刊行は一九九九年。執筆開始からほぼ四半世紀の歳月が流れていました。

なお、本書には和田誠さんによる限定版もあります。限定版は先述の『西行花伝』に加え、吉田健一先生の『交遊録』(一九七四年)、三浦哲郎さんの『木馬の騎手』(一九八一年)と四冊を手掛けることができました。余裕のあった時代でもなかなか機会を得られない仕事で、例えば革装とか木函入りとかマーブル紙の見返しなどを経験できたのは幸運と言うほかありません。

山崎正和『文明としての教育』

二〇〇七年十二月刊。教育論。新書判、ソフト・カバー、ジャケット装。9・5ポ、

39字×14行、208頁。装幀、新潮社装幀室。本体六八〇円（税別）。

新潮社の編集者としては新書編集部で最後を迎えることになるのですが、その二年ほど前から最後の本はどなたに書いていただこうかと考えていました。もし可能なら、若い頃から何度も仕事をさせていただいた山崎正和さん以外にはありません。知の何たるかを一番に学んできた著者だったからです。

お目にかかって相談したところ、当時は中央教育審議会の会長に就かれていたこともあったのでしょう、「教育論なら」とのご返事。私もそう考えていただけに、これは実に嬉しい提案でした。

編集に関して記すべきは「聞き書き」、つまり話を聞いてまとめるという作業です。まとめは外部のライターにまかせることが一般的で、多くの編集者は原稿を受け取るよりは楽な仕事だと思っているかもしれません。しかし、長時間にわたって話を聞き、それをまとめる作業はかなりの努力と工夫が要るものの、こんな面白い仕事もそうはなく、他人にまかせる手はないでしょう。

この時は集中的に時間を取っていただき、その際の録音テープをまず起こし、まとめに入りました。ほんの少しだけ思い出を記せば、終戦直後の満州で受けた教育の話は、こんな凡庸な言葉を使いたくはないのですが、衝撃的で、これだけでもお願いした甲斐があったと感激したものです。

まとめの作業自体は、きわめて明晰に話をされる方なので、固有名詞や事実関係などは各種の辞書や事典や年表に当たらなければならないものの、順調に進みました。ただし、それだけですぐ一冊の本になるわけではありません。

疑問や加筆のお願いを書き添えて一応のまとめをお渡しすると、全面的に赤字の入った原稿だけでなく、かなりの加筆原稿が添えられて戻ってきました。こんな作業を何度か繰り返してようやく入稿し、さらにゲラでの手直しがまたあり、退社する最後の月に書籍編集者としての最後の一冊は刊行となりました。

編集者にとって、聞き書きとはその世界の第一人者の方から長時間にわたって独占的に話が聞けるチャンス。よく私は「月給をもらった上に最高の授業が受けられる」などと冗談を飛ばすのですが、これもまた編集者冥利《みょうり》に尽きる仕事です。

もし実現していたら

編集者にとっては幻の本というものがあります。著者に執筆を承諾していただき、構想の進むなか、あるいは執筆の進むなか、悲しいことですが、著者がお亡くなりになる場合です。先述の児玉隆也さんの書下ろしもその一例ですが、ここでは森有正先生のケースについて記しておきましょう。

森先生は哲学者であり、すでにしていくつもの名著を刊行され、さらにはパイプオルガンの演奏者としても知られていました。この人にバッハ論を書いていただけないものだろうか。そう考えはしたのですが、パリに住んで帰国もほとんどされない方なので、お目にかかることすらむずかしい。

一九七四年の夏、幸運なことにたまたま森先生はフランスから一時帰国されていました。そこで、先生と親しい関係にある辻邦生さんに同道していただき、お目にかかることができたのです。ストレートに思いを伝えると、辻さんのお口添えもあってか、その場ですんなりと承諾していただけました。おそらくは以前から構想があったからだと思われます。ただ、お考えになっていたバッハ論は想像していたものとは違っていて、

「自分でバッハを弾き直し、その曲から論じていきたい」というものでした。

そして翌年の夏、再び一時帰国された先生と話を進めるべく宿舎にされていた国際基督教《キリスト》大学でお目にかかると、「ちょっと練習を聞いてください」とパイプオルガンが設置されている講堂に誘われ、直ちに演奏が始まりました。驚いたことに、バッハの大曲あるいは難曲が次々と奏でられたのです。

二時間近くは続いたでしょうか、講堂内に響き渡る音をたった一人で耳にし、その贅沢にひたりながら、原稿への期待が一段とふくらみました。A5判ジャケット装がふさわしいのではないかなどと、装幀まで思い浮かべたものです。

しかし、いよいよ執筆が始まろうという一九七六年、先生はパリで亡くなられ、本は幻に終わりました。何より読者としてぜひ読んでみたかった本で、もし実現していたらと三十数年を過ぎた今でも無念でなりません。まことに私的な感慨にすぎませんが、その無念ゆえに、心の内では今も確実に存在している「幻の本」なのです。

あとがき

本文でもちょっと触れましたが、私の父親は印刷職人でした。明治の末、東京下町の浅草橋で小さな印刷所を営む家の三男として生まれ、小学校を出ると家業を手伝い、戦後は何社かの小さな印刷所に勤め、今の私とさして変わらない六十八歳で亡くなってています。

読書に関してだけは不思議なほど教育熱心で、小さい頃からよく本を買い与えてくれました。また、小学六年生の時、ビルに建て替えられる前の新宿の紀伊國屋書店や神田の古書街に連れて行ってくれたことは今も強く印象に残っています。

印刷の話もしばしばしてくれたものです。子供にとってはさっぱりわからない話だったけれど、オフセットとか写植とかいった言葉があったと記憶しています。四六判について説明してくれたのは、もう大学に入ってからのことだったか。

その息子が関連の出版社に就職が決まった時は嬉しかったようで、報告した時のどこか照れたような父の笑顔は忘れられません。しかし、その後は同業者として扱われ、専門的なことを含め、何度も「お前たちは印刷の現場を知らない」と叱られました。

もしこの本を父におずおずと差し出したら、と夢想します。「印刷に関する記述が甘いな」と言われるのがオチでしょうが、ほんの少しは喜んでもらえるかもしれません。いや、そう思いたい。なぜなら、ずいぶんと遅くなってはしまったものの、この一冊は父へのまことにささやかな恩返しでもあるからです。

＊

本書は大学での授業から出発しています。いずれも非常勤講師としてですが、二〇〇七年からは日本大学文理学部で講座を持っており、二〇〇八年と二〇〇九年には東京大学大学院情報学環でも講座を持ちました。およそ学問的なものではありませんが、書籍を中心としたジャーナリズム論です。

そのチャンスを与えてくださったのは日本大学を今年退任された曽根博義先生と東京大学の水越伸先生で、この場を借りてお礼を申し上げます。

また、本書の刊行にあたっては、かつての同僚である新潮新書編集部の後藤ひとみさん、装幀部の大森和也君、製作部の深澤哲朗君、そして校閲部の方の大いなる力添えがありました。感謝あるのみです。

二〇一〇年五月

著　者

柴田光滋　1944(昭和19)年東京都生まれ。編集者。早稲田大学第一法学部卒業。文芸書のほか、飲食関連の書籍も手掛けてきた。著作に『ワインをめぐる小さな冒険』。

Ⓢ新潮新書

371

編集者《へんしゅうしゃ》の仕事《しごと》

本《ほん》の魂《たましい》は細部《さいぶ》に宿《やど》る

著　者　柴田光滋《しばたこうじ》

2010年6月20日　発行

発行者　佐藤隆信

発行所　株式会社新潮社

〒162-8711　東京都新宿区矢来町71番地
編集部(03)3266-5430　読者係(03)3266-5111
http://www.shinchosha.co.jp

印刷所　錦明印刷株式会社

製本所　錦明印刷株式会社

ISBN978-4-10-610371-1　C0295

価格はカバーに表示してあります。

Ⓢ新潮新書

239
ワインをめぐる小さな冒険
柴田光滋

もっと楽しく！　時にトンカツとの相性を探求し、世界の廉価ピノ・ノワールを飲み比べ、また時にイタリアの白に感嘆し、ボルドーの古酒に酔う……。進むほど、ワインの道は面白い。

010
新書百冊
坪内祐三

どの一冊も若き日の思い出と重なる――。凄い新書があった。有り難い新書があった。シブい新書もあった。雑読放浪30年、今も忘れえぬ〈知の宝庫〉百冊。

062
聖徳太子はいなかった
谷沢永一

すべては伝説にすぎない――。実在の根拠とされる文献や遺物のどこにどのような問題があるのか？　誰がなぜこのフィクションを必要としたのか？　禁忌の扉を開く衝撃の一冊。

241
文明としての教育
山崎正和

西洋は古代ギリシャから近代アメリカまで、日本は鎌倉時代から明治時代まで、東西の文明史をつぶさに検証した上で、明日の日本のために、中教審会長があえて問う教育の本質。

348
医薬品クライシス
78兆円産業の激震
佐藤健太郎

開発競争が熾烈を極めるなか、大型新薬が生まれなくなった。その一方で、頭をよくする薬や不老長寿薬という「夢の薬」は現実味を帯びる。最先端の科学とビジネスが織りなすドラマ！